« N'OUBLIEZ PAS L'AMOUR »

DU MÊME AUTEUR

La maison des otages, Fayard, 1983.
Le sel de la terre, Fayard, 1969.
Voyage au pays de Jésus, Fayard, 1965.
Histoire paradoxale de la IVᵉ République, Grasset, 1954.
Les greniers du Vatican, Fayard, 1960.
Votre humble serviteur, Vincent de Paul, Le Seuil, 1981.
Dieu existe, je l'ai rencontré, Fayard, 1969.
La France en général, Plon, 1975.
Il y a un autre monde, Fayard, 1976.
Les trente-six preuves de l'existence du diable, Albin Michel, 1978.
L'art de croire, Grasset, 1979.
La baleine et le ricin, Fayard, 1982.
« N'ayez pas peur », dialogue avec Jean-Paul II, R. Laffont, 1982.
L'Évangile selon Ravenne, R. Laffont, 1984.
Le chemin de la croix (au Colisée, avec Jean-Paul II), Desclée de Brouwer, R. Laffont, 1986.

ANDRÉ FROSSARD

« N'OUBLIEZ PAS L'AMOUR »

La passion de Maximilien Kolbe

ÉDITIONS ROBERT LAFFONT
PARIS

© Éditions Robert Laffont, S.A., Paris, 1987
ISBN 2-221-01285-2

A Sa Sainteté le pape Jean-Paul II,
qui, attentif à la vérité, à la justice
et à la voix des peuples, a proclamé
le martyre de Maximilien Kolbe.

En septembre 1939, après l'invasion de la Pologne par les armées d'Hitler, presque tous les franciscains de Niepokalanow durent quitter leur couvent. Avant de les laisser partir pour une destination inconnue, qui serait pour les uns l'exil, pour d'autres la prison ou la mort, Maximilien Kolbe leur dit :

« N'oubliez pas l'amour. »

1.

LA MESSE EN ROUGE

Il faisait beau, comme toujours en automne à Rome. Les ruines ressemblaient à des éponges imbibées de soleil, et l'air sans mouvement, très doux, laissait les pins remplir, immobiles, leur fonction décorative.

Ce matin-là, le père D. quitta très tôt l'ancien collège des franciscains pour aller prendre l'autobus entre la colline du Palatin et la roche Tarpéienne.

Invité à concélébrer à Saint-Pierre la messe de canonisation de Maximilien Kolbe, il priait ardemment en lui-même pour que son compatriote et frère en religion fût, ce matin-là, proclamé martyr par Jean-Paul II, mais il n'était pas sûr d'être exaucé ; et tandis qu'en attendant l'autobus ses regards allaient de la colline impériale à la roche des ambitions fracassées, ses espérances hésitaient elles aussi entre la joie et la crainte.

Il savait qu'il y avait eu, jusqu'à la dernière

11

minute, des difficultés du côté des experts. Ceux-ci ne mettaient pas en doute la sainteté de Maximilien Kolbe, dont ils avaient d'ailleurs reconnu l'héroïsme quelques années plus tôt. Un homme voué à l'Evangile, interné à Auschwitz et qui donne sa vie pour sauver celle d'un compagnon de captivité condamné à mourir de faim, qui eût pu nier qu'il fût digne d'être offert en exemple, et vénéré dans toutes les églises du monde chrétien ? Mais si les théologiens voulaient bien que Kolbe fût canonisé, ils entendaient que ce fût comme « confesseur », rubrique ordinaire des saints, et non comme « martyr ». Consultés sur ce point, ils avaient rendu des conclusions négatives ou pour le moins dubitatives : si, en août 1941, Kolbe avait effectivement accompli un acte de charité sublime en mourant pour un autre, il n'avait pas été interrogé directement sur la foi par ses bourreaux, comme l'exige la définition traditionnelle du martyre, et l'on ne pouvait le vénérer à ce titre sans une révolution théologique.

Le père D. se demandait si Jean-Paul II, bien que sa volonté eût force de loi en la matière, se sentirait lié par l'avis des théologiens, ou s'il passerait outre pour répondre à l'attente universelle, et à son propre vœu.

C'était le dimanche 10 octobre 1982.
Lorsque le père D. arriva sur la place Saint-

Pierre, deux cent mille personnes étaient déjà rassemblées, qui n'en savaient pas plus que lui. Les *monsignori* qu'il rencontra en chemin levaient les sourcils en signe d'ignorance, et s'il n'y avait pas de dépit dans le regard de ces saintes personnes en qui les silences du Vatican ont développé des facultés de perception hors du commun, leur paupière abattue avait quelque chose de la tristesse de l'épagneul dépisté. Confesseur? Martyr? Jean-Paul II, génie de la communication, n'avait rien communiqué, et comme il délibère généralement dans son oratoire, où il n'a que Dieu pour confident, ses secrets sont bien gardés.

L'autel bordé de fleurs blanches et mauves était dressé à sa place habituelle, devant la basilique, en haut des marches. Entre les colonnes de la façade blonde, une longue tapisserie pendait du balcon. En bas, les armes de Jean-Paul II, avec la croix décalée dont le bras gauche protège la haute initiale de Marie. Au milieu, un portrait de Maximilien Kolbe en robe noire de franciscain conventuel, sur fond d'orage bleu parsemé de nuages pareils à des oiseaux blancs; derrière lui des lueurs d'incendie, et une église lointaine insérée dans un arc-en-ciel. Aux coins supérieurs, deux motifs de fleurs artificielles blanches et rouges ne faisaient que poser la question. Confesseur? Martyr?

Nul n'en savait rien, ni les habiles *monsignori*, ni les dignes évêques, ni la foule serrée dans la

13

tenaille de marbre du Bernin, et c'est seulement lorsque le père D., entrant dans la sacristie de Saint-Pierre, aperçut déployés sur la table les ornements rouges de la célébration qu'il sut que le sacrifice de Kolbe recevrait la consécration qui lui était due. Jean-Paul II, passant outre aux avis contraires, s'était prononcé pour le martyre, et le père D. put enfin, après tant d'appréhension, pleurer de reconnaissance.

Sur la place, l'assistance n'avait compris qu'en voyant le pape apparaître en rouge sur le parvis et il y eut, après un instant de silence, la rumeur immense des ratifications populaires.

La cérémonie fut très belle, et dura de dix heures à midi.

Après les chants d'entrée, les trois défenseurs de la cause, le cardinal préfet de la Congrégation des rites, l'avocat consistorial et le supérieur général des franciscains s'approchèrent de Jean-Paul II pour lui demander, « au nom de l'Eglise », d'inscrire Maximilien Kolbe sur la liste des saints.

Le pape ne répondit pas tout de suite. Peuple et célébrants s'agenouillèrent pour réciter les litanies des saints, puis, le silence revenu, tous se relevèrent pour entendre la réponse de Jean-Paul II :

« A la gloire de la Très Sainte Trinité », dit-il de cette voix qui semble remuer la mer, « pour l'exaltation de la foi catholique et l'accroissement de la vie chrétienne ; de par l'autorité de Jésus-Christ, des apôtres Pierre et Paul, et de par la nôtre... après avoir longuement réfléchi et entendu nombre de nos frères dans l'épiscopat, nous déclarons et décrétons que le bienheureux Maximilien Kolbe est saint, qu'il sera inscrit au catalogue, et, par toute l'Eglise, pieusement honoré parmi les martyrs. »

L'homélie qui suivit commença par un rappel de l'Evangile : « Il n'y a pas de plus grand amour que de donner sa vie pour ceux que l'on aime. » Il a été donné à Kolbe, dit Jean-Paul II, d'accomplir cette parole de manière absolument littérale. Il était impossible, dit-il encore et comme pour motiver sa décision, de ne pas entendre « les voix multiples du peuple de Dieu » ; impossible de ne pas voir que cette mort librement affrontée rendait Maximilien Kolbe semblable à Jésus-Christ, modèle de tous les martyrs, et qui donna sa vie sur la croix pour ses frères ; impossible de ne pas lire dans ce sacrifice un puissant témoignage de l'Eglise dans le monde contemporain, en même temps qu'un message et un signe pour notre temps.

Et il est vrai que si la théologie pouvait discuter le martyre, l'amour ne le pouvait pas.

Durant la messe, on observa que le visage amaigri de Jean-Paul II restait marqué par une souffrance que le temps n'avait pas encore dissipée. L'année précédente, à quelques pas de là, il avait essuyé le feu d'un tueur à gages, et jusqu'à l'hôpital sa robe blanche avait masqué le bouillonnement sanglant de ses blessures. Mais après cinq heures d'immersion dans l'anesthésie, à peine avait-il regagné la rive du conscient qu'il pardonnait à son assassin.

Ainsi, en ce dimanche d'octobre, sur cette place où l'Eglise, depuis toujours, invite au pardon et en appelle à la miséricorde, un cœur généreux en célébrait un autre, un convalescent de la haine donnait en exemple au monde un être de pure charité, martyr d'Auschwitz et saint des abîmes.

Mais qui était Kolbe ?

2.

LES KOLBE

Il naquit dans le village polonais de Zdunska-Wola, le 27 décembre 1893 selon notre calendrier, le 7 janvier 1894 selon celui des tsars : ce rajeunissement illusoire de deux semaines était à peu près le seul bienfait que les Polonais devaient à la domination russe.

⌈Car en ce temps-là, la Pologne partagée entre la Prusse, l'Autriche et la Russie se trouvait une fois de plus privée de ses bases géographiques et flottait dans les airs, sous la forme d'une condensation religieuse où, comme aujourd'hui, la foi et le patriotisme ne faisaient qu'un ; c'était une même chose d'être croyant et d'être polonais, l'Eglise catholique jouant à la fois le rôle de caution vivante des espérances chrétiennes et celui de conservatoire de l'identité nationale momentanément apatride.⌉

Baptisé le même jour, le nouveau-né reçut le nom de Raymond, avant d'être appelé Maximilien par ses frères en religion, l'histoire, et le catalogue des martyrs.

Au procès en canonisation, et d'après le promoteur général de la foi, dit aussi l'Avocat du diable, ou encore l'Illustre Censeur par cette politesse romaine qui a pris pour unité de mesure le rayon de la coupole de Saint-Pierre, ses parents « brillaient comme des modèles de vie chrétienne », certificat peu courant sous sa plume, même s'il ne s'agit en l'occurrence que d'une citation du procureur apostolique de Varsovie chargé d'instruire la cause.

Ils brillaient surtout par un dénuement supporté sans amertume, et même avec une certaine reconnaissance pour les allégements qu'il procure à la vie spirituelle : c'était le point de vue de Maria Kolbe et, par conséquent, celui de son mari.

Le souvenir de leur mariage n'est pas resté gravé dans la crème caramel des albums de famille. Ils n'avaient point de ces luxes.

Le père, Julius, ouvrier tisserand, était grand, et blond, et bon, et c'est à peu près tout ce que l'on sait de lui. Il parlait peu, et comme il écrivait encore moins, il n'a rien laissé qui permît de se faire une idée plus précise de sa personne vouée à l'effacement, attirée quelque temps par les spiritualités orientales dont les techniques de soustraction de l'individu avaient de quoi tenter sa

18

discrétion. Il disparut tout à fait au début de la Première Guerre mondiale sans que l'on puisse dire comment, fusillé par les Allemands, ou, les Polonais ayant toujours plus d'occasions de mourir que les autres, pendu par les Russes. Les documents ne concordent pas, mais l'une et l'autre hypothèses sont plausibles. Patriote, Julius Kolbe se battait depuis longtemps pour la seule Pologne, ce qui l'exposait à tous les poteaux et potences des équarisseurs de son pays.

Maria, la mère de Maximilien — qui fut son deuxième fils —, nous est mieux connue.

Une photographie nous la montre vers la quarantaine, vêtue en tulipe noire, chapeau noir à fond plat, la chaînette du manteau étant le seul ornement de sa toilette. Elle est belle, de cette beauté qui vient sans tapage de l'unité intérieure d'un être, et qui empêche les traits de se contredire. Le regard est pensif, bienveillant, et la trace infinitésimale de scepticisme que l'on croit y discerner concerne uniquement, c'est sûr, l'appareil que l'artiste-photographe lui a demandé de fixer dans l'œil. Le nez est droit, fin, et sur les lèvres que leur dessin est seul à souligner on devine, plutôt qu'on ne voit, une apparence de sourire, comme un ange dans la nuit qui passerait au loin en balançant une lanterne. A cet âge, Maria a déjà beaucoup souffert, et elle souffrira encore, mais devant ce visage où la foi se lit en clair et qui exprime, avec douceur, une

19

capacité presque infinie de résistance au malheur, on se prend à songer que le martyre et la
sainteté du fils avaient déjà commencé chez la
mère.

Comme elle était polonaise, il est inutile de dire
qu'elle était courageuse, et comme il lui arriva
d'exercer simultanément les métiers divers d'ou-
vrière en tissage, de gérante de magasin, de sage-
femme et de mère de famille, il est superflu
d'ajouter qu'elle était vive, et volontaire. C'était
un être essentiellement religieux. Dans son
enfance, elle priait le bon Dieu de la faire mourir à
temps pour lui éviter le mariage, et rêvait d'entrer
au couvent. Mais il n'y avait pas de couvents
catholiques sous l'occupation russe, ni de monia-
les, ni de moines. Il restait seulement des
maris et elle prit Julius, qui était doux, et qu'elle
aima. Tous deux acceptaient la pauvreté de bon
cœur, mais il fallait tout de même échapper à la
misère, d'où un itinéraire assez compliqué, au
hasard des offres d'emploi et des activités de
complément, jusqu'à la petite ville de Pabianice,
toujours en zone russe, dernière étape de la vie de
famille.

Ils eurent cinq fils. Deux moururent en bas âge,
et les livres ne s'attardent pas sur ce genre
d'épreuve, qui pourtant dure autant que la vie.
Les trois autres, Maria les voulait parfaits, et elle

les éleva en ce sens, d'une main qui ne tremblait pas.

On envoya l'aîné, François, à l'école, si coûteux que cela fût. Maximilien commença par étudier tout seul, puis avec l'aide d'un prêtre. Il parlait latin si bien qu'il put un jour demander un médicament sous sa désignation savante à un pharmacien étonné de trouver tant de science sous un si petit volume, et qui prit sur son temps pour l'instruire en attendant qu'on pût l'envoyer lui aussi à l'école.

Des franciscains qui passaient par là sur la pointe des pieds, en quête de vocations, remarquèrent les deux frères, qui leur parurent des plus aptes aux études. Ils proposèrent de les accueillir dans leur collège de Lwow, en Pologne autrichienne, où le catholicisme vivait plus à l'aise qu'en zone russe. L'offre acceptée avec reconnaissance, le père conduisit les deux garçons de l'autre côté de la frontière, en évitant les formalités, les mit dans le premier train pour Lwow et retourna chez lui par le même chemin.

Restait le troisième fils, Joseph, qui à douze ans avait encore besoin de sa mère. Mais comme il manifestait déjà de l'attrait pour la vie religieuse, on supposa que les franciscains le recevraient plus tard aussi volontiers que ses frères, et, le 9 juillet 1908, Julius et Maria Kolbe, se considérant un peu par anticipation comme dégagés du souci d'établir leurs enfants, signèrent une sorte d'acte par lequel ils s'accordaient l'un à l'autre la permission d'entrer en religion. De tels accords sont peu fréquents, mais non pas aussi rares qu'on pourrait le croire dans les pays où la foi catholique gagne en intensité ce qu'elle perd en liberté d'expression.

Ce traité signé, Julius Kolbe passa une fois de plus la frontière pour se rendre à Cracovie, chez les franciscains. La vie conventuelle n'étant pas faite pour lui, au bout d'un an de vains efforts il demeura auprès d'eux en simple tertiaire, c'est-à-dire en laïc affilié à l'ordre.

Maria et Joseph quittèrent à leur tour Pabianice pour Lwow et le couvent des bénédictins, ce qui les rapprochait des deux aînés. On mit Joseph en pension, puis il entra à son tour chez les franciscains, et sa mère, définitivement chez les franciscaines. Elle vécut jusqu'en 1946, et aucun des siens n'oublia jamais ce qu'il lui devait. Toute la famille appartenait à saint François d'Assise.

Le petit Joseph fut un religieux discret, fidèle, de ceux qui ne laissent que de bons souvenirs, quand on se souvient d'eux.

Francesco ne persévéra pas. Sorti du couvent pour se battre pendant la Première Guerre mondiale, il n'y rentra pas. La deuxième guerre lui ayant fourni une deuxième occasion de prouver son amour de la Pologne, une fois de plus recouverte d'ennemis, il fut pris et interné dans un camp de concentration nazi, où il périt.

Le père, les deux aînés : l'histoire de la famille Kolbe s'écrit sur un monument aux morts, avec une ligne à la mémoire des deux petits enfants qui n'ont peut-être pas résisté à la pauvreté.

3.

L'APPARITION

Sur l'enfance de Maximilien, les témoins semblent se contredire. Pour les uns, et parmi eux la
mère, c'était un enfant turbulent, obstiné, indépendant, en un mot difficile. Pour les autres,
c'était le modèle des petits garçons, de ceux enfin
que l'on cite en exemple dans les familles.

Mais le désaccord n'est qu'apparent. Les témoignages diffèrent selon qu'ils se situent avant ou
après un événement singulier devant lequel les
biographes prennent généralement la tangente,
tandis que l'Avocat du diable se contracte à vue
d'œil sur son siège de magistrat.

Ce fait troublant, qui est de ceux qui ont la
propriété d'attirer les humbles et de mettre les
savants en fuite, c'est une vision.

Ces choses-là n'ont pas bonne presse, les écri-
vains religieux eux-mêmes ne les mentionnent
qu'à regret, avec des précautions infinies, quand
ils ne préfèrent pas les passer sous silence. Les

autres s'emploient à leur donner des explications naturelles, avec le concours du docteur Freud et de la neuropsychiatrie. Les plus subtils parleront de l'émergence momentanée, chez le voyant, d'un élément irrationnel et chatoyant de l'inconscient collectif, comme une épave longtemps retenue par les végétations molles d'un fond marin, et qui ressurgirait inopinément. Les moins gracieux, qui sont aussi les moins obscurs, portent les visions et apparitions au compte de l'hystérie, de la paranoïa, de l'hallucination simple ou de la névrose obsessionnelle, tous diagnostics mettant en cause l'intégrité du sujet.

Or, les grands mystiques se signalent tous par leur équilibre, et, fort souvent, par leur esprit pratique. Il est impossible de répliquer à la malveillance avec plus d'à-propos que Jeanne d'Arc, et s'il y avait de l'hystérie à son procès, elle était du côté de ces juges préparant, avec le minutieux entêtement qui escorte l'idée fixe, un bûcher à l'innocence. Après avoir raconté sa merveilleuse histoire, Bernadette finit sa vie au couvent, cachée dans ces pensées chrétiennes qui sont faites de silence et d'amour, dans leurs corolles de prière. Thérèse d'Avila, qui dialoguait avec Jésus-Christ, n'en administrait pas moins ses monastères avec un bon sens de gérant d'immeubles. Ratisbonne l'incrédule, qui vit un jour de 1842 la Vierge Marie dans une église de Rome et fut instruit en un instant de la religion chrétienne dont il ignorait presque tout, devenu catholique de juif qu'il était, fonda un ordre et vécut le reste de sa vie sans plus de révélations. Etait-il un halluciné ? Les hallucinations enseignantes n'existent pas. Kolbe n'a jamais rien eu d'un extravagant, à moins qu'il n'y ait de l'extravagance, pour un chrétien, à suivre l'Evangile, et c'est quand on le croyait occupé de chimères qu'il était le plus réaliste : il se trouvait simplement que sa réalité, qui englobait le ciel et la terre, était plus vaste que la nôtre.

Sa mère, seule à en avoir reçu la confidence, ne savait plus très bien à quel âge son fils avait eu une apparition. C'était, disait-elle, aux alentours de la première communion, qui se faisait en Pologne vers la neuvième année. Elle a raconté l'épisode quelques mois après la mort de Maximilien.

L'enfant turbulent et indocile auquel elle avait dit, un jour de lassitude : « Mon petit, que vas-tu donc devenir ? » avait soudain changé au point d'être méconnaissable. Recueilli, sérieux, on le surprenait souvent au pied du petit autel familial dédié à la Vierge Marie, qui règne sur tous les foyers polonais. Son caractère s'était adouci, à moins qu'il ne l'eût surmonté, mais il pleurait tant que sa mère, d'abord émerveillée par la métamorphose, finit par le croire malade, et c'est à force d'insistance qu'elle apprit enfin de l'enfant ce qu'elle fut longtemps seule à savoir :

« Tremblant d'émotion, dit-elle, et les larmes aux yeux, il me dit : Quand tu t'es écriée : " Que vas-tu devenir ", j'ai beaucoup prié la Madone de me dire ce qu'il adviendrait de moi. Etant à l'église, je la suppliais encore lorsqu'elle m'est apparue, tenant deux couronnes, l'une blanche, l'autre rouge. La blanche signifiait que je resterais pur, la rouge que je serais un martyr. Elle m'a demandé si je les voulais. J'ai répondu : " Oui, je les veux. " Alors la Madone m'a regardé avec douceur, et elle a disparu. »

Durant tout le procès en canonisation, l'Avocat du diable, recroquevillé par une sainte méfiance, parlera de la « présumée apparition », ou de l' « apparition supposée ». L'Eglise regarde les expériences mystiques avec circonspection, et pour y croire, elle prend son temps. Ces phénomènes extraordinaires n'ont pas de témoins. L'Avocat du diable, ne pouvant citer Kolbe, et n'osant convoquer la Vierge Marie au tribunal, se tint sur la réserve, par prudence et nécessité.

Cependant, si la vision du petit Kolbe est à ranger parmi les événements extraordinaires, la suite l'est encore davantage. Elle va nous fournir une occasion, et il est à peine besoin de dire que ces occasions-là sont rares, de voir comment une

27

promesse de Dieu, faite dans l'ombre d'une église, peut être tenue au grand jour par l'histoire, beaucoup plus tard, et comme par hasard. Ces rencontres involontaires d'un dessein du ciel et de la liberté des hommes sont un délice pour le biographe.

Car ces deux couronnes offertes dans une petite église de Pologne, Kolbe les recevra, officiellement, toutes les deux, dans l'église majeure du peuple chrétien.

Sa fin sublime au camp d'Auschwitz ne devait pas tarder à attirer l'attention de l'Eglise, avivée par la vénération des foules, et il fut bientôt question de le déclarer « saint », ce qui se proclame en deux temps, la béatification, qui limite le culte au diocèse du bienheureux, et la canonisation proprement dite, qui étend ce culte à l'Eglise entière. Ce sont deux actes distincts, séparés par un intervalle de quelques années, parfois de plusieurs siècles. Jeanne d'Arc, béatifiée peu après sa mort, ne fut canonisée qu'en 1925 : elle n'avait trouvé entre-temps, semble-t-il, aucun champion pour soutenir sa cause chez ceux qui lui devaient une patrie.

Ainsi Kolbe, après l'enquête réglementaire sur l'héroïcité de ses vertus, fut-il béatifié par Paul VI comme « confesseur de la foi », six années avant que Jean-Paul II ne l'élevât au rang des martyrs. Il n'y a pas d'autre exemple, au catalogue des saints, d'un changement de catégorie d'une étape à l'autre d'une canonisation. Voilà nos deux couronnes. Car la proclamation d'un « confesseur de la foi » se célèbre en blanc, et celle d'un martyr en rouge.

Ces pleurs du petit Maximilien racontant sa grâce comme on avoue une faute sont les larmes d'un enfant dont on force le secret, qui ne peut surmonter son émotion et qui voit bien, en parlant, tout ce que son récit peut avoir d'incroyable.
L'expérience mystique apporte avec elle la surprise, la joie et la contradiction. La surprise est d'avoir rencontré soudain une réalité inattendue, mais décisive, qui est l'ultime réalité, celle devant laquelle toute question tombe, parce qu'elle est elle-même la réponse, cependant que le monde n'est plus que ce qu'il est, une architecture d'atomes battus en neige, belle et savante, mais d'une fiabilité douteuse. Une apparition authentique n'est pas une hallucination, elle ne se superpose pas au décor, ce n'est pas une affiche sur un mur. Elle fait éclater le mur. Ou plutôt, car elle n'a rien de brutal ni d'effrayant, elle l'ouvre comme on écarte un léger rideau, elle s'impose avec douceur, elle sera pour toujours votre unique certitude et c'est tout le reste, pour vous, qui relèvera de l'acte de foi.
La joie qui l'accompagne est immense. Ni le corps, ni le cœur, ni l'intelligence ne sauraient la contenir. Elle excède leurs limites au point de les

abolir au bénéfice de cette pure aptitude à l'infini que les gens d'Eglise appelaient l'âme, du temps qu'ils appelaient les choses divines par leur nom.

Et c'est ici que les contradictions commencent. Cette joie essentiellement imméritée est si grande, si hors de proportion avec toute espérance, que celui qu'elle touche a le sentiment qu'elle ne lui appartient pas. Il la gardera secrète, non pour la cacher aux autres, mais parce qu'il ne se sent pas le droit d'en disposer. En même temps, comme il ne peut imaginer qu'elle est uniquement destinée à sa délectation personnelle, il ne désirera rien tant que de la partager, tout en sachant qu'elle est incommunicable, et en pressentant qu'on ne le croira pas. D'où l'espèce de démarche entravée du mystique, simple dépositaire du don qu'il a reçu, qui craint de manquer à la confiance qui lui a été faite, et tout à la fois de trahir la beauté en parlant, ou la charité en ne parlant pas. Un pied dans le ciel, l'autre sur la terre, il ira ainsi toute sa vie en boitant à la rencontre de Dieu, sans jamais se retourner, souffrant de ne pouvoir ni transmettre, ni convaincre, ni entraîner, ramené à l'humilité par son impuissance, si ce n'était déjà fait par l'admiration, et plus encore par la reconnaissance.

L'ennui avec ceux qui traitent doctement des apparitions, c'est qu'ils n'en ont jamais eu. Ce sont des aveugles qui nient les couleurs. Mais ceux qui ont l'expérience de ces faits d'expérience en connaissent bien les effets, qu'ils ont souvent décrits. C'est tout d'abord une révolution douce qui inverse tous les signes de la personnalité, sans changer sa constitution : le violent deviendra pacifique, avec la même force ; le sceptique, enthousiaste, avec les mêmes moyens critiques, appliqués cette fois à ce qu'il révérait la veille ; l'orgueilleux sera humble, de cette humilité définitive qui ne vient pas du sentiment de la toute-puissance de Dieu, mais de la conscience émerveillée de son incroyable générosité. Ainsi Paul de Tarse, après l'épisode du chemin de Damas où il rencontre brusquement la lumière du Christ, change de sens comme une énergie qui changerait de pôle sans que sa nature soit modifiée. Avec son goût ordinaire pour la platitude, la critique rationaliste parle d' « insolation » : il est rare qu'un coup de soleil vous instruise dans une foi dont vous ne saviez rien, si ce n'est qu'elle dérangeait la vôtre ; mais la critique rationaliste a ses miracles, comme la religion les siens. Ainsi, après l'apparition de sa neuvième année, le petit Kolbe donnera à sa mère l'impression d'être tout différent, et cependant il ne le sera pas. Seulement les jeunes forces qu'il dissipait la veille dans la turbulence se seront soudain coalisées dans la prière et dans la charité.

Un autre effet de l'expérience mystique — je

parle des vrais mystiques, et non des faux-monnayeurs en mysticisme qui tiennent comptoir dans les sectes, ou des hallucinés à qui leurs révélations n'apprennent rien — est l'abolition des frontières de l'intelligence, qui circulera, si j'ose dire, sans passeport entre ce monde visible et l'immense domaine, invisible, mais pour elle prodigieusement concret, des vérités de foi. Toute sa vie, Kolbe inclura les mystères chrétiens non seulement dans sa conception du monde mais dans sa vie quotidienne et jusque dans ses tâches administratives, à l'étonnement des religieux de son entourage et de son propre petit frère, ébahi de l'apparente insouciance d'un aîné qui s'en remettait à la Vierge Marie du soin d'apurer ses comptes. On ne peut comprendre Kolbe en faisant abstraction de la vision qui éclaire toute son existence, et qui fait de lui l'un de ces êtres rares pour qui tout est possible, surtout l'impossible, et que rien ni personne n'arrête, pas même, on le verra plus loin, ceux qui les emprisonnent.

4.

HÉSITATION

Les franciscains, qui sont de trois sortes, les barbus ou capucins, les marron ou « mineurs » et les noirs dits « conventuels », sont tous les fils de saint François d'Assise, filiation aussi difficile à honorer que peut l'être celle de Shakespeare pour les hommes de lettres. Le « petit pauvre » d'Assise était un puissant génie. On a souvent dit de lui qu'il était une parfaite image du Christ, ressemblance accentuée par les stigmates apposés sur lui comme une divine signature à la fin de sa vie. Je me le représente plutôt comme un petit frère au sens biblique, un proche parent de la sainte famille, un peu fantasque, aventureux mais fidèle, ébloui par le grand aîné et tout à fait résolu à prouver que son évangile pouvait être vécu jusque dans ses exigences apparemment les plus folles. Ce fils de la bourgeoisie marchande du XIIIe siècle, saisi par la grâce, vivait la parabole du lis des champs en mendiant autour de sa ville natale, vêtu de haillons, prêchant aux oiseaux et aux poissons, ou chantant sa sœur l'Eau et son frère le Loup dans son *Cantique de la nature*, ce qui aurait fait de lui le patron des écologistes, si les écologistes allaient à la messe. Il est à noter que la charmante ville d'Assise, qui dore ses beaux restes au soleil de l'Ombrie, peu à peu ruinée par la concurrence des Flandres et de Venise, survit depuis des siècles grâce aux revenus que lui procure la réputation de son clochard périphérique.

Il y a plus d'un point commun entre François d'Assise et Maximilien Kolbe. Un miracle initial : le christ d'Assise enjoignant à François de relever son Eglise ; chez Kolbe, l'apparition de Marie aux deux couronnes. Chez tous deux, un même sens de l'absolu, sans compromis, ni réserve, ni retour, passablement déconcertant pour ceux qui assistent à son déploiement ; une même imagination créatrice, débridée, merveilleusement attirante pour la jeunesse, et fort inquiétante pour les gens de sens rassis que l'on rencontre jusque dans « l'ordre séraphique » de saint François, où les séraphins, on le verra au procès, ont parfois tendance à se servir de leurs ailes comme d'un fauteuil ; un même sens de la pauvreté, conçue comme la manière la plus expéditive de s'exposer à la générosité de Dieu ; une même vision chevaleresque de l'être humain, que l'on retrouvera d'ailleurs, intacte, et tout aussi incomprise, chez

Jean-Paul II; enfin, un même défi au monde de leur temps, et c'est ce défi qui fait l'objet de ce livre.

Chez les franciscains de Lwow, Maximilien Kolbe ne fut pas seulement un bon élève. A vrai dire, il excellait en tout, y compris en camaraderie, avec un surcroît de dons pour les mathématiques, la physique, les sciences en général. C'était un garçon charmant, au joli visage, toujours disposé à aider ses petits camarades avec l'empressement d'un cœur serviable, et l'aisance de celui à qui les problèmes ne posent pas de problèmes. Il priait beaucoup, presque toujours au premier rang, non pour mettre sa piété en évidence, mais pour n'être pas distrait par les allées et venues de la chapelle. Il était gai, porté à l'enthousiasme, mais les larmes lui venaient facilement aux yeux, notamment quand on raillait la consonance germanique de son nom comme pour mettre en doute sa pleine qualité de Polonais. Ses condisciples s'émerveillaient de son esprit inventif. On a conservé de lui le dessin d'un engin interplanétaire qui devait le déposer sur la Lune, à moins qu'il ne fût destiné à photographier les étoiles, et qui eût peut-être volé, si l'auteur avait eu le temps d'inventer le carburant. Quelques-uns de ses professeurs, cinquante ans plus tard, ont pu témoigner à son procès. Les uns l'avaient trouvé gentil, et ils n'en dirent pas plus. D'autres se souvenaient encore de l'élève qui voulait tout savoir, et qui les poursuivait de ses questions dans les couloirs du collège. Tous se rappellent son extrême sensibilité, qui lui fit traverser l'une de ces crises de scrupules qui sont un peu la forme spirituelle de la dépression nerveuse, et qui lui représentait ses imperfections comme les épouvantables tares d'un exclu de la vie éternelle. En ce temps-là, on sortait de cette maladie à l'aide d'un « directeur de conscience », dont tout le traitement consistait à vous dissuader de vous ériger en juge de vous-même. Guéri par ce qui n'était au fond qu'une cure d'humilité, il ne devait plus connaître ce genre d'épreuve, et retrouver, avec son allégresse habituelle, ce trait de sa petite personnalité que nul, ni ses compagnons ni ses maîtres, ne devait jamais oublier : son sourire, un sourire très doux, comme les premières lueurs de l'aurore sur une vie vouée à la lumière, et si tôt dévorée par la nuit.

Ses camarades le voyaient promis à une belle carrière scientifique, et l'un de ses professeurs, si attaché qu'il fût à l'ordre franciscain, allait jusqu'à déplorer que de si belles dispositions pour les mathématiques ne fussent employées un jour qu'à compter les colonnes d'un cloître. Mais lui voulait être soldat. Mourir pour la patrie est une idée qui s'impose plus que jamais quand on n'a pas de patrie ; car ce n'est pas avoir une patrie que d'être prisonnier chez soi, sous la domination de trois puissances avec lesquelles on n'a rien de commun, excepté, avec l'Autriche, la religion ; encore le catholicisme polonais, qui vient à la fois de Rome et de Byzance, est-il très différent du catholicisme autrichien, reliquat du Saint Empire. La Pologne est un pays qui ne ressemble à aucun de ses voisins, même quand il en partage l'origine ou les traits physiques. Ce qui tourne si facilement à la résignation chez le Russe tourne à la révolte chez le Polonais, et le nationalisme qui solidifie le Prussien dans la discipline accentue l'individualisme du Polonais, qui se sent chargé de faire prévaloir, à lui seul s'il le faut, la personnalité de sa patrie, niée ou opprimée. Son histoire est faite de nostalgie et d'insurrections, comme chez Chopin cette petite pluie de notes sentimentales et irisées dont le rideau s'écarte de temps en temps pour livrer passage à un ouragan de cavalerie. Aucun peuple n'a été plus profondément christianisé. L'eau du baptême circule en lui comme une rivière qui fertilise toute sa culture, mais son christianisme a été perçu et reçu comme les lettres de noblesse de l'être humain, et l'on voit bien ici pourquoi la vision chevaleresque de l'humanité qui est celle de Jean-Paul II est si mal entendue des petits-bourgeois de la pensée occidentale, qui ont liquidé depuis longtemps le génie

37

du christianisme au bénéfice de leur christianisme sans génie.

Toute la famille Kolbe était patriote. Comment Maximilien ne l'eût-il pas été ? Son échiquier — il aimait ce jeu — était un champ de manœuvres, il lançait des campagnes militaires avec ses pions de bois, ou il dressait des plans de défenses fortifiées qui auraient rendu Lwow imprenable, si elle n'eût été déjà prise. La plainte insistante de sa patrie démembrée ne pouvait laisser son jeune cœur indifférent.

Mais ici l'Avocat du diable, encore une fois, fronce les sourcils : l'Eglise n'a pas placé le patriotisme au nombre des vertus qui produisent la sainteté, et c'est ce qui retarde tant la canonisation du père de Foucauld, malgré l'abondance de sa récolte spirituelle et le nombre impressionnant de ceux qui se réclament de lui. Etait-il le saint du désert dont on admire la conversion et la spiritualité ou, pour partie, un agent surnuméraire de la domination française en Afrique ? A-t-il été tué pour sa foi, et pour elle seule ? L'Eglise, qui met les mystiques en observation, leur adjoint volontiers les militaires, héroïques ou non, de l'active ou de la réserve. L'Avocat du diable se demande si la couronne rouge de ce qu'il continue d'appeler imperturbablement « l'apparition présumée » n'était pas, aux yeux du petit Kolbe, une réplique de cette « couronne obsidionale » que les Romains décernaient aux défenseurs de la cité.

Le petit Kolbe devait se le demander aussi. A seize ans, la carrière militaire lui semblait plus indiquée que l'habit religieux pour servir son pays, qu'il ne distinguait pas de sa foi, tout le problème étant de trouver une armée qui ne fût ni russe, ni autrichienne, ni allemande, mais polonaise. Ce genre de difficulté n'arrête pas la jeunesse. Il était en tout cas si persuadé que sa voie ne passait pas par le couvent qu'il avait réussi à convaincre son frère aîné d'y renoncer aussi ; c'était en somme la première recrue de son armée future. Aussi, lorsque les bons pères franciscains lui offrirent d'entrer au noviciat, qui mène à la prêtrise, demanda-t-il un entretien à son supérieur, pour se récuser, lui-même et son frère avec lui. C'est précisément ce jour-là que sa mère se présenta au collège pour informer ses enfants qu'elle entrait chez les bénédictines, et son mari chez les franciscains. La suite, Kolbe l'a racontée dans une lettre à sa mère, beaucoup plus tard, après que son frère aîné eut quitté les ordres :

« Avant d'entrer au noviciat, c'était plutôt moi qui ne voulais pas demander l'habit, et qui en détournais mon frère... C'est alors qu'est survenu un fait inoubliable : tandis que nous attendions d'être reçus par le père provincial pour lui annoncer que ni moi ni Francesco ne voulions entrer dans l'ordre, j'ai entendu sonner la cloche qui m'appelait au parloir. C'était toi, maman, que la providence m'envoyait dans ce moment critique... Il s'est passé neuf années, et j'y pense encore avec crainte, et reconnaissance envers la Vierge Marie, instrument de la miséricorde divine. Que serait-il advenu si, en un tel instant, elle n'avait tendu sa main ? »

L'audience eut lieu. Seulement, le père provincial, au lieu d'apprendre que ses élèves refusaient l'habit, les entendit le lui demander. Je l'ai déjà dit, l'aîné ne persévéra pas. Mais pour Maximilien, cette cloche opportune qui le fait changer brusquement de direction donne le départ de la course. Le reste de sa vie, c'est une flèche qui vole vers le but.

5.

DEUX LETTRES

Les bons élèves, on les envoyait poursuivre leurs études à Rome. La célèbre université Gregorienne leur enseignait la philosophie, le collège international des franciscains les faisait théologiens. En 1912 Maximilien, qui continue d'exceller, est destiné à la Grégorienne, mais il commence par refuser de partir. Il a dix-huit ans, et il a peur de Rome, qu'on lui a représentée comme une ville de perdition, peuplée de dames Putiphar aux aguets, qui assaillent au coin des rues les petits Joseph de séminaire. Il tient à sa couronne blanche. Mais comme il a déjà prononcé ses vœux temporaires, l'obéissance finit par l'emporter, il accepte, et il annonce son départ à sa mère dans une lettre datée de Cracovie, où il a passé avec son père qu'il ne reverra d'ailleurs jamais les deux jours de liberté que les bons pères lui ont accordés avant la redoutable expédition. Il appelle sa « très chère maman » à l'aide :

« Je te demande une prière spéciale, la seule à vrai dire dont j'aie besoin, puisque tu penses au reste comme la meilleure des mamans. Il y a là-bas des périls de toutes sortes : par exemple, j'ai entendu dire que les femmes provoquent les religieux eux-mêmes ; et malgré cela, je devrai aller et retourner à l'université tous les jours.

« Je voudrais encore, maman, que tu dises à Beppino (c'est son plus jeune frère) que je lui demande d'avoir une pensée pour moi à la communion, avec une prière à saint Antoine, même brève. Il m'a écrit que ce saint ne lui avait jamais rien refusé. Il l'exaucera aussi en cette occasion, et il me protégera. »

Il fallait deux jours et deux nuits de chemin de fer pour aller à Rome. Le jeune voyageur admire la variété des paysages que lui découvre l'itinéraire sinueux de son train direct, mais dans ses lettres à sa mère, il ne les décrit pas. Le monde extérieur est nécessairement beau et bon, puisque, selon le mot ravissant de l'un de ses carnets, « toute chose est un petit rayon de la perfection divine ». Mais tous ces petits rayons ensemble forment un soleil qui éblouit déjà sa méditation, et fait croître sa vie intérieure. La nature est une mine d'arguments spirituels, et à dix-huit ans, il l'a déjà mise en exploitation.

Il ne craignait pas seulement les Romaines, il s'attendait également au pire de la part des Romains, émancipés de la tutelle papale depuis la proclamation de l'unité italienne, et qui passaient pour avoir sombré dans un anticléricalisme agressif inconnu en Pologne. En vérité, il y a, en Italie comme dans tous les pays longtemps dominés par l'Eglise, et si douce qu'eût été cette domination dans la plupart des cas, une vieille tradition d'anticléricalisme dont on trouve encore des traces dans la production cinématographique italienne, qui charbonne encore des caricatures de curés. Mais si cet anticléricalisme abusait de la raillerie, il n'usait pas de violence, et après trois ou quatre semaines de navette entre le Collège international ou « séraphique » et la Grégorienne, Maximilien est rassuré. Il n'a rencontré ni Messalines de carrefour, ni mangeurs de curés :

« Très chère maman !

« Je n'ai reçu ta lettre qu'aujourd'hui. Chez nous, en effet, le courrier est distribué seulement le jeudi, jour de vacance, et le dimanche ; cependant, j'avais appris par hasard que ta lettre était arrivée dès lundi.

« La situation n'est pas aussi mauvaise que je le craignais. Les Italiens ont bien autre chose à faire qu'à nous molester. Du reste, nous sortons d'habitude en groupe, et celui qui s'aviserait de nous importuner ferait bien d'y regarder à deux fois... »

43

Il raconte à sa mère la promenade qu'il vient de faire avec ses camarades, et qui l'a conduit d'église en église jusqu'au Colisée dont le sol, dit-il, « est imprégné du sang des martyrs, raison pour laquelle un pape, afin d'éviter les profanations, a ordonné de le recouvrir de quatre mètres et demi de terre ». La trajectoire du martyr d'aujourd'hui a frôlé un instant l'énorme entonnoir des jeux cruels du paganisme, dont personne ne se doutait encore qu'il allait renaître en Europe, moins le talent, plus le délire exterminateur.

auteur qui traite de la vie et des actions des saints

Il était convenu autrefois entre hagiographes que la sainteté se reconnaissait dès le berceau à la manière dont le nourrisson refusait vertueusement le sein de sa nourrice, ou n'acceptait que les hochets en forme d'auréole. Depuis les progrès de la psychologie et des autres sciences inexactes, on soutiendrait plutôt le contraire, à savoir que la sainteté vient avec l'âge, le combat, la recherche laborieuse et de préférence angoissée de la perfection, à supposer d'ailleurs qu'elle existe, et ne soit pas une forme d'obsession maladive du bien, que l'on aurait aujourd'hui moins tendance à admirer qu'à soigner. L'un des témoins au procès, qui du reste ne voulait aucun mal à la cause, parlera d' « idée fixe », expression soulignée avec inquié-

44

tude par l'Avocat du diable dans ses réquisitions, et qui portait sur la dévotion de Kolbe à la Vierge Marie, mais qui pourrait aussi bien qualifier son obstination à atteindre le but qu'il s'est fixé, et qu'il résumera un jour de sa jeunesse dans cette courte phrase :

« Etre un saint, le plus grand possible. »

Etre un saint est pour lui la moindre des choses que l'on doive à Dieu en retour de ses grâces, et singulièrement de la grâce du sacerdoce. C'est la reconnaissance de dette d'une âme consciente de son déficit et qui, sachant qu'elle ne pourra jamais s'acquitter, opère une sorte de virement d'elle-même au compte de la divine charité. C'est un fait qu'à dix-huit ans Kolbe n'est déjà plus le propriétaire de sa personne.

Il est « engagé » autant qu'on peut l'être, et il s'organise en vue de la perfection avec la minutie d'un chef d'état-major de ses propres forces. Ses carnets [1] alignent les paragraphes d'un véritable manuel du soldat : le jeune homme qui voulait être militaire fera son service dans la vie spirituelle. Ses premiers mots sont un appel à la prudence et à l'humilité, car il a le bon goût de ne s'accorder qu'une confiance limitée :

« Tu n'as pas d'ailes aux pieds. »

---

1. Publiés par Lethielleux, Paris.

6.

LA MÉDAILLE

Au Collège séraphique, où il vécut de 1912 à 1919, Kolbe laissera le même souvenir qu'à Lwow, celui d'un élève brillant dont les notes menacent régulièrement de faire sauter le maximum, questionneur infatigable qui met autour de lui les puits de science à sec, spontané, très gai, quoique émotif et prêt à pleurer quand il croit s'être écarté de la règle, fût-ce d'un rien, ou quand on lui démontre que ses confrères ne la respectent pas. On regarde déjà avec curiosité ce garçon qui n'a pas les insouciances de son âge, qui ne sort des cours que pour aller à la chapelle, et que ses promenades ne mènent qu'à l'église. L'un de ses camarades, ayant entendu dire qu'il y avait un saint au collège, a raconté comment il avait demandé à un frère italien de le lui montrer : les saints ne sont pas toujours visibles à l'œil nu, et les Italiens, élevés dans le périmètre des canonisations, passaient pour exceller dans ce genre d'expertise. L'ayant vu, il s'attacha à lui. La sainteté attire à tout âge, et quand elle est jeune, elle est irrésistible. François d'Assise n'avait pas beaucoup plus de vingt ans lorsque ses anciens compagnons d'aventures vinrent un à un recueillir des *fioretti* sur ses pas, et c'est à vingt-deux ans que Bernard de Fontaine venait frapper aux portes de Cîteaux avec un escadron de jeunes chevaliers ralliés à son génie spirituel. On pourrait penser que les témoignages sur le jeune Kolbe, venus longtemps après sa mort, ont été impressionnés, si parfaite que soit la bonne foi des témoins, par la terrible lumière d'Auschwitz, qui aura rayonné du héros jusque sur l'enfant. Je ne crois pas que ce soit le cas. Du reste, nous avons un témoignage du temps, écrit, signé et daté. C'est celui du registre du collège, où le recteur note sobrement, le 23 juillet 1919 :

« Maximilien Kolbe, province de Galicie.
Arrivé le 29 octobre 1912, ordonné prêtre le 28 avril 1918. Doctorat de philosophie de l'Université grégorienne, doctorat de théologie de notre collège le 22 juillet 1919. Un jeune saint. »

Plein de conviction à partager, il a hâte de ramener la terre entière au Christ, par les bons offices de la Vierge Marie. Sa foi vit sous le régime de l'état d'urgence. A l'exemple de François d'Assise partant convertir le Grand Turc, il demande

47

un jour à son supérieur l'autorisation d'aller convertir le grand maître des francs-maçons qui mènent leur sarabande autour du Vatican, déployant des étendards couleur de feu où le dragon terrasse l'archange saint Michel, manière d'annoncer aux papes, déjà dépouillés de leur pouvoir temporel, le renversement prochain du pouvoir spirituel. L'époque aimait les femmes et les plaisanteries un peu grasses. Le supérieur, moins impressionnable que son élève, sut le persuader de parfaire son équipement dialectique avant de défier le Grand Turc. Maximilien convint que c'était sage, mais il ne fit que différer le projet. La passion de convaincre ne le quittera de sa vie. Sa religion lui paraît aussi belle que salutaire, et ne pas tenter de la répandre serait à ses yeux un péché contre la charité. Il controverse en tout temps et en tout lieu, dans la rue, le chemin de fer ou l'omnibus, avec l'employé, le voyou qui blasphème et ne sait ce qu'il dit, le professeur ébahi d'apprendre que ce jeune blanc-bec de religieux est docteur en philosophie comme lui, ou, quand il est malade, avec les infirmières, les brancardiers ou le directeur de l'hôpital.

Ce zèle de prosélyte attirera sur sa mémoire une accusation d'antisémitisme fondée sur quelques phrases qui ne prouvent rien, si ce n'est qu'il eût aimé voir les juifs à la messe, comme les francs-maçons, les athées, les protestants, les agnostiques et le reste du monde. Avant la dernière guerre, c'est-à-dire avant la grande persécution, il y avait sûrement de l'indiscrétion, mais on ne voyait aucun mal à souhaiter publiquement la conversion d'Israël.

C'était d'ailleurs une banalité de rappeler aux chrétiens que l'histoire, selon leur tradition, ne pouvait se terminer que par le ralliement des juifs à la foi chrétienne. Tenir le même langage aujourd'hui serait verser de l'acide sur un peuple écorché vif. Mais on ne saurait juger rétroactivement le père Kolbe sur les pièces à conviction fournies par la haine, quand il est si largement démontré que ce misérable sentiment n'a jamais habité le moindre atome de sa personne. Le juif était son prochain, il l'eût voulu plus proche encore, et voilà tout. Jamais, ce qui s'appelle jamais, il n'a été pris en défaut de charité. Au surplus, il est établi que, durant la guerre, mille cinq cents juifs environ trouvèrent refuge dans la communauté qu'il avait fondée en Pologne. Tous ne furent pas sauvés, mais lui non plus.

De cette fraction de sa vie, si importante, qui va de 1912 à 1919, on a peu de lettres. Elles sont le plus souvent adressées à sa mère, qui est à Lwow la tour de contrôle familiale à laquelle il donne de temps à autre sa position. Le jour de Pâques 1914, après avoir regretté de n'être pas auprès d'elle pour cette grande fête, il cherche à former à son intention un vœu qui sorte des banalités traditionnelles, et il n'en voit qu'un : qu'elle accomplisse en tout la volonté de Dieu, et il a cette formule curieuse : « Dieu non plus ne trouverait pas mieux. » Puis il raconte assez longuement comment il a failli perdre un doigt de la main droite à la suite d'un abcès dont les soins n'avaient pu venir à bout, si bien qu'une opération s'avérait nécessaire, l'os étant attaqué. C'est alors que le médecin, ayant appris que son patient avait un peu d'eau de Lourdes, souvenir d'un pèlerinage du recteur, eut l'idée de s'en servir. « Et qu'arriva-t-il ? Ceci que le lendemain, dit Kolbe au moment où l'on allait opérer, je me suis entendu dire par le chirurgien de l'hôpital que l'intervention n'était plus nécessaire : j'étais complètement guéri. » Cette guérison inopinée lui paraît certes assez intéressante pour qu'il la raconte, mais au fond ce qui l'étonne c'est la grâce, non le phénomène insolite : pour lui comme pour Léon Bloy, le miracle était « le retour à l'ordre naturel ».

Durant la Grande Guerre, ses lettres se font rares, ce que les difficultés de communication suffisent à expliquer. Il y parle beaucoup de religion, et de la guerre par allusions seulement. Mais que pouvait confier à la poste un Polonais, sujet autrichien, détenteur d'un passeport russe, écrivant d'un pays qui a changé de camp en 1915 ?

50

Il se borne à souhaiter la paix, ce qui ne compromet pas plus le destinataire que l'expéditeur. Quant à ses supérieurs, perplexes, ils l'envoient à Saint-Marin jusqu'à ce que la guerre ou le ciel rende sa situation plus claire, ou que lui soit accordée une autorisation de séjour en bonne et due forme, qu'il n'avait pas, et qui arrive. Dans cette disette de courrier, où il se passera vingt mois entre les deux dernières lettres, on salue tout de même un triplé postal, après l'armistice de 1918 toutefois : le 26 novembre 1918 il écrit à sa mère, à son frère aîné Francesco, à son cadet Joseph, tous trois à Cracovie. A sa mère il raconte son ordination, le 28 avril 1918 à Sant'Andrea della Valle, la grande église romaine dont la façade noire présente l'originalité d'être surmontée à gauche par un bel ange blanc du Bernin qui n'a pas sa réplique à droite, l'artiste mal payé estimant qu'il en avait assez fait. Kolbe, bien qu'on lui ait recommandé de faire sa lettre aussi « légère, légère » que possible, décrit minutieusement la cérémonie à sa mère, pour l'aider à se représenter cette grande journée. A la fin, ayant entendu dire que François n'avait pas encore réintégré l'ordre, il lui demande, ou il se demande tout haut d'où vient l'empêchement. Des supérieurs, ou de son aîné lui-même ? C'est l'objet de sa deuxième lettre : « Ecris-moi si tu peux (par exemple, par l'intermédiaire de maman), fais-moi savoir comment tu vas, où tu habites, ce que tu

51

fais... et quelles sont tes intentions à l'égard de l'ordre. » Il l'invite à se rappeler comment ils sont entrés ensemble au séminaire, comment ils ont accompli leur noviciat et fait profession, et il espère — en vain — qu'ils se retrouveront tous deux une fois encore sous l'habit franciscain « pour travailler à la plus grande gloire de Dieu, au salut et à la sanctification de nos âmes, et d'un grand nombre d'autres ». Le frère aîné ne reviendra pas. Quant au cadet, destinataire de la troisième missive du jour, il va tranquillement son chemin vers le sacerdoce, fidèle, sage, avant d'être un jour quelque peu désorienté par l'activisme religieux de ce Maximilien qui voit la Vierge Marie partout, et, par conséquent, les difficultés nulle part.

« Préparons-nous, écrit Kolbe à son petit frère, à souffrir et à travailler. Nous nous reposerons après la mort. » En annexe à la lettre de moins en moins « légère, légère », un document devenu historique : les statuts de la première fondation de Kolbe, créée par lui en 1917, alors qu'il n'était pas encore prêtre, la « Milice de l'Immaculée ». Le projet tenait en une page :

But : la conversion des pécheurs, c'est-à-dire de tout le monde (y compris, bien entendu, le Grand Turc) ;

Conditions : faire don de soi-même à la Vierge Marie, et porter la « médaille miraculeuse » ;

Moyens : tous, selon les circonstances de la vie

et les impératifs de la conscience chrétienne, la prière à Marie et, il y revient, la diffusion de la médaille miraculeuse.

Cela paraît simple, et c'est simple. Et d'autant plus efficace : les adhérents se compteront un jour par centaines de mille. Il espère, en attendant, que son petit frère traduira en polonais le feuillet rédigé en italien, et qu'il le répandra en Pologne. Le petit frère n'en fera rien. Il aura toujours beaucoup de peine à suivre son aîné, qu'il comprend mal.

Cette « médaille miraculeuse », dont il faut bien parler puisqu'elle est toute l'artillerie de ce Bonaparte de la conquête spirituelle, est celle de l'apparition de la Vierge Marie à Catherine Labouré, une jeune religieuse française de la rue du Bac, qui a rendu compte de l'événement dans un récit que j'emprunte à Jean Guitton [1] :

« Le 27 novembre 1830, qui se trouvait être le samedi avant le premier dimanche de l'Avent, à cinq heures et demie du soir, après le point de la méditation, dans le grand silence, il m'a semblé entendre du bruit du côté de la tribune, à côté du tableau de saint Joseph, comme le frou-frou d'une robe de soie. Ayant regardé de ce côté-là, j'ai

---

1. Jean Guitton, *Rue du Bac*, 1973.

aperçu la Sainte Vierge à la hauteur du tableau. Elle était debout, habillée de blanc, une robe en soie blanc aurore faite ce qu'on appelle " à la Vierge ", manches plates, un voile blanc qui descendait jusqu'en bas. Par-dessous le voile, j'ai aperçu ses cheveux en bandeaux ; par-dessus, une dentelle à peu près de trois centimètres de hauteur, sans fronce, c'est-à-dire appuyée légèrement sur ses cheveux, la figure assez découverte, les pieds appuyés sur une boule, c'est-à-dire une moitié, ou du moins il ne m'en a paru que la moitié, et puis tenant une boule dans ses mains, qui représentait le globe. [...]

« Ici sa figure était de toute beauté, je ne pourrais la dépeindre... Et puis tout à coup j'ai aperçu des anneaux à ses doigts, revêtus de pierreries plus belles les unes que les autres, les unes plus grosses, les autres plus petites, qui jetaient des rayons plus beaux les uns que les autres. Ces rayons sortaient des pierres, des plus grosses les plus gros rayons, toujours en s'élargissant, et des petites les plus petits et toujours en s'élargissant en bas, ce qui remplissait tout le bas, je ne voyais plus ses pieds... A ce moment où j'étais à la contempler, elle baissa les yeux en me regardant. Une voix se fit entendre qui me dit ces paroles : " Cette boule que vous voyez représente le monde entier, particulièrement la France... et chaque personne en particulier. " [...]

« Ici, je ne sais pas exprimer ce que j'ai éprouvé

et ce que j'ai aperçu : la beauté et l'éclat, les rayons si beaux...

« [...] Il s'est formé un tableau autour de la Sainte Vierge, un peu ovale, où il y avait en haut ces paroles : " O Marie conçue sans péché priez pour nous qui avons recours à vous ", écrites en lettres d'or. Alors une voix se fit entendre, qui me dit : " Faites, faites frapper une médaille sur ce modèle ; toutes les personnes qui la porteront recevront de grandes grâces en la portant au cou, les grâces seront abondantes pour ceux qui la porteront avec confiance. " [...] »

Et quelquefois pour les autres, puisque Alphonse Ratisbonne la portait lorsqu'il se convertit, ou plutôt fut converti à Sant' Andrea delle Fratte où son buste, bien qu'il ne soit pas encore canonisé, on ne sait trop pourquoi, fait pendant à celui, justement, de Maximilien Kolbe.

Le langage de la mystique n'est pas le nôtre. En 1830, la France vient de s'offrir une révolution de plus. On a dressé des barricades, parcouru Paris en criant des abstractions, Liberté, Egalité, la Fraternité étant laissée à l'appréciation des fusils, un roi s'est enfui en calèche avec son drapeau blanc, un autre est venu, caché dans les plis du drapeau tricolore, faire aux républicains la surprise d'une monarchie. Pendant ce temps, ou à peu près, une petite paysanne bourguignonne feuillette son rutilant livre d'images sur les murs de son couvent. On parlera rituellement d'hallucination, comme on le fera pour l'apparition de Kolbe. Mais je relis le texte de Catherine, et je n'y vois qu'une grande simplicité de cœur, beaucoup de conscience et, devant l'ineffable, cette touchante application qui fait froncer le sourcil et tirer le bout de la langue aux enfants qui essaient de réussir un dessin particulièrement difficile. Le domaine de l'hallucination, ce n'est pas la mystique, mais la politique, qui tient des discours exaltés sur un monde qui n'existera jamais. L'halluciné n'est pas Catherine, c'est Staline, qui voit comme je vous vois des rats visqueux ou des vipères lubriques jusque sous son lit, ou Hitler, qui se représente, que dis-je, qui palpe déjà la grosse Allemagne de ses songes, assise pour mille ans sur l'échine écrasée des races inférieures.

Des prières, des médailles, l'équipement peut paraître léger dans un monde brouillé depuis longtemps avec le ciel et qui n'est pas encore sorti d'une Grande Guerre extravagante que la logique pure est incapable d'expliquer sans le concours de l'irrationnel. Oui, que peuvent des prières et des médailles contre les forces du matérialisme et celles de la volonté de puissance, qui, la paix sitôt signée, va reprendre du service ? Mais dans sa foi intrépide, Kolbe sait que les armes spirituelles, qui font peu de bruit, peuvent être étonnamment efficaces lorsque celui qui se propose de les utiliser met sa vie en jeu avec elles. Et il y est décidé. En 1918, le jour de sa première messe à Sant'Andrea delle Fratte, dans la chapelle de la vision de Ratisbonne, il arrive à l'autel avec quatre-vingt-trois « intentions », énumérées sur un petit carnet retrouvé dans un tiroir et concernant sa famille, ses confrères, son ordre, les malades, l'inévitable Grand Turc, une israélite sans doute convertie secrètement, l'Eglise, le monde, sa patrie... Et celle-ci, en latin, qui résume à la fois sa morale et son action, son existence et sa pensée :

« *Pro amore, usque ad victimam* » ; pour l'amour, jusqu'au sacrifice de la vie.

Telle est, au fond, la vraie définition du martyre.

7.

LA CASA KOLBE

Au pied du mont Palatin, où l'histoire, qui emporte avec elle tout ce qu'elle fait, a oublié quelques ruines, les bâtiments cramoisis de la « Casa Kolbe » font face aux herbes folles de ce décor des gloires évaporées : c'est l'ancien Collège séraphique, construit autour d'un grand espace qui n'est pas la cour de récréation de nos écoles avec ses marronniers qui prennent racine dans le goudron, mais plutôt un jardin avec des allées, des compartiments de haies basses et des palmiers dont le panache décoiffé se balance à hauteur des toits. Ici, comme on vient de le voir, Kolbe vécut de 1912 à 1919, mais ce n'est plus un collège. Les franciscains en ont fait leur hôtellerie, réservant une salle et quelques pièces à un musée.

Au premier étage, la chambre de Kolbe a été transformée en oratoire, et ce que la piété y trouve, la mémoire le perd. Dans un angle, près d'une fenêtre, une armoire vitrée contient quelques souvenirs : l'original des statuts de la « milice » mariale, présentés dans un cadre sur pied comme le menu à la porte des restaurants, une robe noire de frère conventuel suspendue à un cintre, et un petit reliquaire.

C'est dans cette chambre que la « milice » de Marie fut fondée en 1917. Kolbe a expliqué comment dans un texte publié pour la première fois par Maria Winowska [1], rédigé à la demande d'un supérieur, et le seul où il se raconte, le regard qu'il porte sur lui-même étant toujours celui de l'examen de conscience et jamais celui de l'auteur considérant son œuvre :

« Beaucoup d'eau a coulé depuis, presque dix-huit ans. J'ai donc oublié beaucoup de détails. Toutefois, puisque le père gardien m'ordonne de décrire les débuts de la milice, j'écrirai ce dont je me souviens encore.

« Je me souviens donc que je parlais souvent avec mes confrères de la décadence de l'ordre, et de son avenir. C'est alors que s'est gravée dans ma pensée cette parole : " remettre sur pied, ou abattre ".

« Car j'avais de la peine pour ces jeunes qui viennent à nous avec les meilleures intentions, et

---

1. Maria Winowska, *Le secret de Maximilien Kolbe*, 1983.

qui perdent souvent leur idéal de sainteté au couvent. Et je pensais : Que faire ?

« Cherchons plus loin encore : je me rappelle comment, tout petit garçon, j'avais acheté une statuette de la Sainte Vierge pour un sou. Et à l'internat de Lwow, au chœur, pendant la sainte messe, je me suis prosterné face à terre et j'ai promis à la Sainte Vierge, qui siégeait comme Reine au-dessus de l'autel, que je combattrais pour elle. Je ne savais pas encore comment j'allais le faire, mais j'imaginais une lutte avec des armes matérielles.

« Bien que j'eusse une forte inclination à l'orgueil, l'Immaculée m'attirait plus fort encore. Dans ma cellule, au-dessus du prie-Dieu, j'avais toujours l'image de quelque saint à qui la Sainte Vierge était apparue, et je l'invoquais souvent. [...] »

L'Avocat du diable n'a pas toujours tort. Quand il constate que le patriotisme et la foi se confondent chez Kolbe dans la dévotion à la Vierge Marie, il est dans le vrai ; un peu moins quand il voit une trace de vocation militaire dans l'idée de fonder une « milice », car il a renoncé aux « armes matérielles » en prenant l'habit. Du reste, s'il songeait encore à un autre uniforme, sa santé le ferait réformer :

« En attendant, dit-il, nous partîmes en

vacances dans une maison de campagne, dite La Vigna, à une demi-heure du collège. Un jour, pendant que l'on jouait au football, je sentis du sang me monter aux lèvres. Je suis allé sur le gazon et je me suis allongé. C'est le frère Biasi qui prit soin de moi. Pendant longtemps je crachai du sang. J'étais si heureux, en pensant que c'était peut-être la fin !

« Ensuite, je suis allé chez le docteur. Il m'ordonna de rentrer en voiture et de me coucher tout de suite. Les remèdes n'arrivaient pas à arrêter les hémorragies continuelles.

« Après deux semaines, le médecin me permit de sortir pour la première fois. Accompagné du frère Osanna, je me rendis, assez péniblement, à notre maison de campagne. En me voyant, mes camarades se mirent à crier de joie et apportèrent des figues fraîches, du vin et du pain. Je ne me sentais pas mal ; les douleurs et les hémorragies avaient cessé. C'est alors que pour la première fois je confiai mon idée de fonder une association au frère Biasi et au père Joseph Pal, ordonné avant moi mais faisant avec moi la même année de théologie. Je posai comme condition la permission de leurs directeurs de conscience, afin que nous fussions sûrs de la volonté de Dieu. [...]

« [...] Ainsi, avec la permission de notre père recteur, le 17 octobre 1917, eut lieu la première réunion des sept premiers membres.

« Cette réunion eut lieu le soir, en secret, à huis

clos, dans une cellule. En face de nous, une statuette de l'Immaculée entre deux cierges allumés...

« [...] Pendant plus d'un an après la première réunion, la " milice " ne progressa pas et tant d'obstacles se dressèrent sur son chemin que les membres eux-mêmes n'osaient plus en parler ; l'un d'eux essaya même de convaincre les autres que tout cela était inutile. C'est alors que partirent auprès de l'Immaculée, avec de beaux signes d'élection, le frère Antoine Glowinski et, treize jours plus tard, le frère Antoine Masi, par suite de la grippe espagnole. Quant à moi, j'eus une grave rechute, je toussais beaucoup et je crachais du sang. Exempté des cours, je profitai de mon temps pour recopier le programme de la " milice ", afin de pouvoir le remettre au père général et lui demander sa bénédiction par écrit.

« Si au moins vous étiez douze », me dit-il. Il écrivit la bénédiction et exprima le désir de répandre la milice parmi les jeunes.

« Dès ce jour, de nouveaux membres affluèrent sans cesse.

« Dans cette première période l'activité de la " milice " consistait à prier et à distribuer la médaille miraculeuse. Le père général nous donna même de l'argent pour en acheter. »

Ils étaient sept, dont un qui cessa bientôt d'y croire, et quelques autres qui n'en parlaient plus ; et pourtant, cette association fondée par un malade, et qui, à ses débuts, ne se portait pas mieux que lui ne tardera pas à prospérer.

De ce texte, le seul, je le répète, où il se confie, tout, évidemment, est à retenir. Sa prudence, par exemple, qui s'assure avant toute entreprise de l'approbation de l'autorité, conduite dictée sans doute par la méfiance que lui inspire la « forte inclination à l'orgueil » qu'il confesse, et qui n'est peut-être pas seulement une séquelle de sa grande crise de scrupules. Mais surtout la joie étrange qui monte en lui avec ce sang qui lui vient à la bouche, et qui lui donne à espérer « que c'est peut-être la fin », comme s'il y avait une sorte d'élection à mourir à vingt-trois ans, au milieu d'une récréation ; et cette certitude en lui que ses compagnons enlevés par la maladie sont au ciel, où ils plaident pour son œuvre. Il n'y a pas pour lui de ligne de démarcation entre le ciel et la terre. Il va de l'un à l'autre sans la moindre difficulté, plus aisément encore qu'il ne passait autrefois la frontière de la Pologne russe et de la Pologne autrichienne.

Dans la vitrine de la Casa Kolbe, un petit reliquaire d'argent contorsionné contient tout ce qui reste ici-bas de sa personne, mêlée aux cendres et aux fumées d'Auschwitz. Ce sont des reliques à vrai dire assez curieuses, que le dépliant offert aux visiteurs appelle des cheveux, et qui sont en réalité des poils de barbe. Dans les années 30, avant de partir pour le Japon, Kolbe avait laissé pousser sa barbe : cet attribut traditionnel du missionnaire passait pour impressionner favorablement les auditoires exotiques, pourvu qu'il fût assez fourni pour attester la patiente sagesse du titulaire. Kolbe portait une barbe en cascade, mêlée de quelques filets de neige précoce. De retour en Pologne, il la fit raser au début des hostilités. Il n'était plus en mission, sans compter qu'en temps de guerre, chez un civil encore jeune, une barbe a toujours un peu l'air d'une fausse barbe. C'est alors que le barbier du couvent eut l'idée qui permet aujourd'hui aux fidèles de vénérer quelque chose de cet être évanoui : il mit les poils de côté.

Ainsi l'intuition d'un coiffeur précédait-elle de très loin les conclusions des théologiens, qui allaient disserter en trois volumes des mérites et vertus de Kolbe. Avait-il, n'avait-il pas pratiqué jusqu'à l'héroïsme la foi, l'espérance, la charité ? Pouvait-on, sans erreur, l'inscrire au nombre des bienheureux, était-il un saint ? Quarante ans avant qu'on en convînt, l'homme au rasoir avait, avec la barbe, tranché la question.

8.

UN SOLEIL

Toute pensée a son soleil. Celui de Kolbe, c'est Marie, qui illuminera sa vie, son cœur, son intelligence et sa mort elle-même, pour autant que l'on en pourra juger aux faibles échos du bunker de la faim, et qui seront des paroles de cantiques. Cette dévotion non exclusive, mais permanente, ses supérieurs la trouveront parfois dangereuse pour le bon ordre théologique, proche de l'obsession, illusoire, empreinte de sentimentalité inconsistante et pour tout dire exagérée. Elle inquiétait jusqu'au frère de Maximilien, le jeune Joseph, éberlué d'entendre son aîné le féliciter de prier si bien la Vierge Marie, quand il était à genoux devant le saint sacrement. Tous ces griefs seront repris par l'Avocat du diable, mais pour la forme : il sait bien qu'il est difficile d'empêcher les saints d'exagérer, c'est-à-dire d'être exagérément saints. Siméon le Stylite juché sur sa colonne et qui, selon la légende, se nourrissait d'une feuille de

65

chou par semaine exagérait l'austérité, tout comme François d'Assise exagérait la parabole quand il expliquait à ses compagnons que « la joie parfaite » serait, après un long voyage, de n'être accueilli nulle part, et de passer la nuit dans la neige et le froid, devant une porte close. Les saints passent les bornes d'autant plus aisément qu'ils ne les voient pas.

Le témoin numéro un de cette dévotion dévorante, c'est une statue coloriée de la chapelle des franciscains, voisine de la petite pièce aux reliques, une grande salle rectangulaire dont les fenêtres donnent sur le Palatin, qui de cet endroit ressemble à un terrain vague, ou plutôt à une vague de terrain charriant ses épaves impériales vers le ciel, et l'oubli. Au fond, à droite de l'autel, après la succession des travées de bois, une grande peinture figurant la révélation du Sacré-Cœur à Marguerite-Marie, dans la manière rhétorique du xixᵉ siècle. On voyait souvent Kolbe devant ce tableau, mais plus souvent encore aux pieds d'une statue de Marie, placée autrefois sur l'autel. Délogée par la nouvelle messe, elle est aujourd'hui posée sur un piédestal, dans l'allée de droite. C'est une Vierge de Lourdes, qui n'entre pas dans la catégorie des œuvres d'art mais dans celle, beaucoup plus touchante, des objets de piété : le marbre des œuvres d'art est lourd, lisse et distant ; le plâtre des objets de piété est léger, humble et appétissant.

Cette Vierge au voile bleu et qui porte en auréole le fameux message à Bernadette Soubirous : « Je suis l'Immaculée Conception », apparue au bord d'un ruisseau des Pyrénées, a eu, si j'ose dire, des débuts difficiles. L'autorité religieuse était réticente, l'autorité civile carrément hostile. M. le Préfet du département parlait d'hallucinations ; les dames du monde avaient peine à croire qu'une personne de la bonne société comme la Vierge Marie pût apparaître dix-huit fois de suite dans la même robe ; le psychiatre, consulté, attribuait la vision de Bernadette à un effet de lumière en forme de statue bleue, tout comme Ernest Renan, dans ce même siècle positiviste, imputait le phénomène de la Pentecôte à un courant d'air. Il va sans dire que Kolbe ignorait ce genre de doute ou d'explication. Marie, que ce soit celle de Lourdes, celle de la médaille miraculeuse, ou plus simplement celle de l'Evangile, sera pour lui, jusqu'à la fin, une personne vivante — et un mystère.

Le cœur de tout Polonais est à Marie. Le Polonais qui cesserait de croire cesserait bientôt d'être polonais : c'est dans la foi qu'il retrouvera sa liberté perdue ; au surplus, c'est de la citadelle de Czestochowa qu'est partie, au XVIIᵉ siècle, l'insurrection libératrice de la Pologne, un peu comme si la libération de la France en 1944 avait commencé à Lourdes. Cette sorte de coïncidence raffermit une croyance pour des siècles.

Mais la dévotion mariale n'est pas le privilège des seuls Polonais. Elle est la pierre de touche et la mesure de la sensibilité spirituelle de tout chrétien. Ce qui, chez Marie, attire irrésistiblement l'âme chrétienne, c'est son humilité dans l'incomparable grandeur qui est la sienne ; car, mère du Sauveur, elle est sans nul doute le plus grand des êtres créés : c'est elle qui ouvre l'Evangile, que son acquiescement à l'ange de l'Annonciation a rendu possible ; mais après l'étincelant cantique de cristal du *Magnificat*, on ne la verra plus que dans une sorte de pénombre et comme à contre-jour, présence discrète qui de loin en loin fait passer un léger parfum de fleur sur les pages de l'Evangile. Ce n'est pas la déesse-mère des mythologies païennes que les chrétiens vénèrent en elle, c'est la mère inquiète qui fuit les épées d'Hérode avec son nourrisson dans les bras, la mère affolée qui cherche son enfant pendant trois jours avant de le retrouver dans le temple, la mère attentive et sereine des noces de Cana, qui ne demande pas un miracle à Jésus, mais qui l'obtient par le subtil détour d'une observation banale : « Ils n'ont plus de vin », la mère que l'on devine angoissée, qui suit partout son fils, à quelque distance toutefois, jusqu'au vendredi fatal où elle ne peut l'approcher que pour le voir mourir, détruite et cependant debout au pied de la croix, devant ce corps tétanisé qui essaie de s'arracher aux clous qui lui ont déjà traversé le cœur.

Une personne, et un mystère, telle est l' « Immaculée » pour Kolbe. Dans l'histoire du judéochristianisme, Marie a une destinée évidemment unique : vierge, elle a donné naissance au Messie, elle-même, selon la tradition catholique, ayant été « conçue sans péché » c'est-à-dire exonérée de la tache originelle qui souille l'humanité depuis Adam et Eve. C'est ce que les catholiques appellent « l'Immaculée Conception », qui ne se rapporte pas, comme on le croit souvent, à la naissance de Jésus, mais à celle de la Vierge Marie, qui se présente elle-même à Bernadette de Lourdes sous cette dénomination mystérieuse dont la théologie n'est pas encore venue à bout. Ni Kolbe : « Ce que veut dire " mère ", dit-il dans une de ses lettres, nous le savons ; mais " mère de Dieu ", nous ne pouvons le comprendre avec la raison de notre pauvre tête, Dieu seul le peut ; " conçue sans péché " se comprend un peu, mais l'expression " Immaculée Conception " est pleine de consolants mystères. »

Ces choses-là ne se comprennent pas, elles se vivent.

C'est évidemment une chose bien étrange pour la tête moderne, déshabituée du divin, que cette sorte d'effet photoélectrique du mystère chez le saint, qui absorbe l'invisible et le transforme en charité. C'est que nous n'accordons guère à Dieu qu'une apparence de probabilité. Nous ne songeons guère à puiser notre vie dans les mystères de notre foi, qui ne sont plus que des puits abandonnés, qui débordent dans la solitude. Le mystère, ce dur mystère de l'Immaculée Conception qui fait si aisément ricocher les orateurs sacrés dans l'éther des abstractions, est pour lui une formidable source d'énergie. Il le fortifie, il ordonne toute sa pensée, il le libère et lui donne sur le monde le regard doucement souverain de celui que rien ne trouble, que rien n'effraie, qui sait d'où il vient, et où il va. A Auschwitz, il ne vivra plus que de lui.

9.

QUATRE IMAGES

Il a le visage changeant. Disons plutôt que les plaques photographiques ne le reçoivent pas de la même façon, ni avec la même affabilité. J'ai sous les yeux quatre portraits, qui nous présentent quatre figures où l'ascétisme et la maladie n'ont pas laissé la jeunesse durer longtemps.

Sur le premier, il a vingt-quatre ans, et il est prêtre. Sous une sorte de talus de cheveux courts et drus, le front est une muraille à enclore des pensées en armes, soulignée par une accolade de sourcils noirs et étayée par le solide contrefort du nez. Les joues sont pleines, les mâchoires fortes. La bouche, encore enfantine, joliment ourlée, semble faite pour déposer des baisers sur la joue d'une maman, disposition que la mère de Maximilien n'a pas dû encourager souvent, et d'ailleurs aussitôt maîtrisée par l'expression tendue et terriblement sérieuse du regard. Derrière les lunettes minces, les yeux, bruns ou noirs, d'une fixité due peut-être à l'éclair du magnésium, regardent à travers l'objectif, la boîte du photographe et le photographe lui-même quelque chose que l'on ne voit pas, et qui demande une attention consolidée par la discipline. Ce visage carré est celui de la résolution et du caractère. Une et indivisible, l'âme y tient garnison, et veille.

Sur la deuxième photographie, prise une douzaine d'années plus tard, le visage s'est allongé vers le rectangle, et les cheveux, presque ras, déjà gris, sont allés pousser plus loin pour dégager le front. L'âge est venu avant l'heure, la jeunesse qui a battu en retraite s'est réfugiée dans la bouche, dont les lèvres ont conservé leur dessin. La tête est légèrement inclinée sur l'épaule droite, attitude habituelle, et les yeux tournés vers la gauche, où se lit une bienveillance d'ordre général et circulaire, versent un peu de café noir, mais sans sucre. Le regard traverse toujours le décor pour rejoindre l'invisible. La physionomie, paisible, est celle de la sérénité limpide, qui n'a jamais accordé le moindre rendez-vous au doute ou à la tentation.

La troisième image est celle de Kolbe à quarante-deux ans. Il n'y a plus de Maximilien. Le front semble s'être élargi, par un effet de l'amaigrissement des joues, enfoncées dans le taillis d'une large barbe poivre et sel. Les sourcils sont froncés, les yeux poursuivent une idée qui a passé l'horizon. C'est un vieil homme au visage creusé, par les privations peut-être, par la fièvre sûrement, consumé par l'incendie intérieur que son énergie et sa volonté n'ont cessé d'alimenter. On ne s'étonne pas qu'un tel être ait écrit un jour sur ses carnets : « Etre crucifié pour l'amour du Crucifié, voilà le seul bonheur en ce monde. »

La quatrième et dernière image est l'une de ces photos d'identité où l'objectif ne ménage pas le client. Kolbe a quarante-cinq ans. La disparition de la barbe a légèrement rajeuni le bas du visage, et la bouche, si disposée au sourire, garde ici le sérieux qui convient aux documents administratifs. Le front est tourmenté, et de profondes encoches à la jonction des arcades sourcilières signalent un haut degré de concentration, ou de myopie. Le regard noir, brillant, vous arrive droit dessus, et continue son chemin derrière vous. Sur tous les portraits, à de légères nuances près, les yeux ont la même intensité d'expression ; ce sont des bouches à feu spirituel.

10.

LES ANNÉES FOLLES

Kolbe quitte le collège et Rome pour passer de l'exercice à l'action aussitôt après la Première Guerre mondiale, au moment où l'Europe entre dans les « années folles », sorte de longue permission de détente qui va du coup de clairon de l'armistice à la crise de 1929, où les usines expirent en sifflant la fin de la récréation. Le mot qui caractérise sans doute le mieux cette période est un mot de construction et d'usage récents, celui de « déstabilisation ». Déstabilisation politique, sociale, spirituelle, morale, esthétique et littéraire.

Sitôt le conflit terminé, la diplomatie déstabilise l'Europe. Prenant acte de l'échec des Hohenzollern, elle punit les Habsbourg, réduit la maison d'Autriche aux dimensions d'un kiosque à musique et le glorieux aigle à deux têtes, les ailes coupées, une tête en moins, à l'état de piéton handicapé. Cet élément modérateur ainsi annulé, on dessine une Tchécoslovaquie enfermant derrière sa frontière la plus exposée des populations qui ne sont ni tchèques ni slovaques, mais allemandes, et prêtes à l'irrédentisme. On ressuscite la Pologne en lui greffant un bout de pharynx qui traverse la Prusse, pour lui permettre d'aspirer l'air de la Baltique. Rendre au monde une Pologne était œuvre pie ; le « corridor de Dantzig » ne pouvait devenir, pour l'Allemagne, qu'un corridor de la tentation.

La diplomatie, ayant achevé son œuvre d'art, mit fièrement sa signature dessous. Le cadre de la Seconde Guerre mondiale était prêt. Cependant, l'inconscience étant à peu près générale, et les prédictions lugubres n'intéressant personne, les Européens se promenaient avec insouciance dans leurs champs de ruines, croyaient à l'âge d'or, et contemplaient avec ravissement leurs illusions, rafraîchies par la rosée des discours.

La société sortie de la guerre n'était pas celle qui y était entrée. Son moral avait tenu, mais, l'armistice sitôt sonné, sa morale à bout de force s'était accordé une trêve qui finira par un congé. On vivra dans un univers décoratif de verre et de métal qui indique un net abaissement de la température des relations humaines, et c'est peut-être pour se réchauffer que l'on dansera le charleston, sorte de gymnastique de squelette secoué par une ficelle. La musique syncopée exprimera assez bien les intermittences de l'état de veille dans les consciences, et la trompette bouchée fera entendre ses notes coincées de bec de canard planté dans la vase.

Cette danse symptomatique qui s'exécute sous le régime de la séparation de corps exprime à sa façon la déstabilisation de l'individu, privé de points fixes et qui ne peut échapper à la chute que par la vitesse, première leçon de la roue de bicyclette. Il accélère, l'histoire aussi.

L'épreuve de 1914 avait contraint l'Eglise à quitter la forteresse dogmatique où, à la fin du siècle dernier, elle menaçait d'excommunier tous ceux qui parlaient d'en sortir et qu'elle appelait des « modernistes ». Durant la guerre, le curé et l'instituteur avaient été à demi ensevelis ensemble dans la boue des tranchées, ils avaient supporté les mêmes souffrances, et parlé la même langue simple et brève de la survie. Rescapés de la tempête de plomb fondu qui s'était abattue sur eux pendant plus de quatre ans, ils ne se regardaient plus avec l'insurmontable aversion d'autrefois. Le cléricalisme et l'anticléricalisme avaient encore leurs activistes, mais l'anticléricalisme avait perdu de sa virulence, et le cléricalisme de ses préjugés. L'Eglise, qui avait dû composer avec le monde, ne pouvait réintégrer sa citadelle, mais elle ne pouvait pas non plus réintégrer les esprits, qui s'étaient découvert entre-temps l'annexe vertigineuse de l'inconscient, où s'abolissent le bien et le mal. Elle n'était pas déstabilisée, elle était excentrée, rejetée à la périphérie de la société, ce qui explique les nombreuses exhortations à « aller au monde » qu'elle s'adressera plus tard. Pendant des siècles elle avait défini la loi morale, et ceux-là mêmes qui lui refusaient le rôle avaient repris le texte, moins ses références divines. Ce temps n'était plus. L'Eglise était satellisée autour des villes — et des cerveaux. Tandis que les gouvernements démocratiques s'évertuaient à gérer les « années folles » en bons pères de famille, le capital d'énergie morale accumulé par le christianisme au cours de sa longue histoire commençait à fondre, l'Occident croquait son héritage, falsifiait ses valeurs et dilapidait sa pensée dans une sorte de relativisme généralisé qui rampait dans le doute et culminait dans le scepticisme. La Pologne elle-même n'était pas épargnée. Dans l'euphorie de la résurrection nationale, la tension spirituelle des jours d'oppression fléchit brusquement. La jeunesse n'avait pas oublié l'Eglise, certes, mais elle ajournait ses actions de grâces.

C'est alors que Kolbe rentre dans son pays.

11.

FAUX DÉPART

En juillet 1919, cinq jours de voyage, dont quatre dans un train de la Croix-Rouge, le ramènent dans sa Pologne libérée, mais exsangue, qui frappe beaucoup de médailles pour célébrer sa renaissance, et plus encore de monnaie pour combler son déficit. C'est un bon train où l'on nourrit les passagers, qui dorment dans des lits. Mais il s'arrête longuement un peu partout, excepté aux frontières, qu'il franchit sans contrôle. A lire les lettres de Kolbe à son petit frère, il n'a pas dû passer beaucoup de temps à la fenêtre de son wagon. Il ne dit pas un mot du paysage, ni des impressions qui ont été les siennes en débarquant dans le pays qu'il avait laissé autrichien, et qu'il retrouvait polonais. Seul l'intéressent les êtres humains et leur salut éternel, ce qui le met en perpétuel état d'urgence. Entre Rome et Bologne, il a entrepris de convaincre un juif, marchand de tissu, que le Messie est venu, qu'il s'appelle Jésus-Christ, « que la Bien-heureuse Marie est Vierge, que l'au-delà existe ». Suit le reste du catéchisme, augmenté de la médaille miraculeuse, que le bénéficiaire promet de porter. A Bologne, tout le monde descend. Le juif, qui ne va pas plus loin, du moins en chemin de fer, part de son côté, si bien endoctriné qu'il prie déjà la Vierge Marie de le convertir, si elle est bien celle que Kolbe lui a décrite. Maximilien le confie à l'Immaculée, songe qu'il lui faudra le recommander aux prières de la milice mariale, monte dans le train de la Croix-Rouge et rencontre un mécréant qui nie ouvertement l'existence de l'enfer devant un auditoire ébahi par sa témérité. Pour Kolbe, nier l'enfer c'est nier le diable, nier le diable est nier le tentateur du jardin d'Eden, le péché originel, l'Ancien Testament, la rédemption et l'Evangile : c'est beaucoup.

Il prend alors la parole et, « devant l'évidence du raisonnement », appuyé discrètement « par une invocation continue de la Vierge Marie », l'impénitent reconnaît publiquement l'inanité de sa thèse et regagne son compartiment la médaille au cou, comme le juif et comme tous ceux qui passeront à portée de l'inépuisable distributeur.

A Cracovie, Kolbe retrouve sa mère, qui ne l'a pas vu depuis des années : « Tu peux imaginer sa joie, écrit-il à son frère, quand je suis arrivé à l'improviste chez les sœurs féliciennes. Elle m'a dit qu'elle croyait rêver. » Elle avait élevé ses enfants

79

avec la sévérité d'une femme qui porte toutes les responsabilités d'une famille pauvre, et le concours d'un de ces maris dévoués et peu efficaces qui ont plutôt l'air de servir dans l'auxiliaire, mais elle les aimait. Et elle admirait Maximilien, qui l'effrayait un peu. Quand elle apprendra sa mort en 1944, elle murmurera : « Je savais, je savais qu'il aurait la fin d'un martyr. » Elle n'avait probablement jamais cessé d'y penser.

Il était doux et il était bienveillant ; il fut raillé. C'était un esprit supérieur ; il fut méconnu. Il était malade, on lui confia successivement deux tâches que son état de santé ne lui permettait pas de remplir. On le chargea tout d'abord d'enseigner l'histoire de l'Eglise dans le collège de Cracovie où il avait étudié, mais le professeur manquait de souffle et toussait ses cours. Il fallait lui trouver un autre emploi. On le nomma prédicateur, mais il n'avait pas plus de voix que de souffle, et il ne disposait pas de ces micros qui emplissent aujourd'hui le moindre local public de leurs grésillements de criquets déboussolés. C'est un bien grand sujet d'étonnement que le peu de compassion de ses confrères pour un garçon auquel, à l'époque, on ne donnait guère que quelques mois à vivre, avec ses migraines, sa fièvre et le mal qui le dévorait en silence. Ils l'appelaient « frère Marmelade », sans que l'on sache s'ils faisaient allusion à l'espèce de désordre méticuleux qui régnait dans sa chambre, ce qui serait bénin, aux gestes lents et moelleux avec lesquels il disait la messe pour ménager son organisme, ce qui serait plus grave, ou à la suavité de sa dévotion mariale dont il était toujours prêt, il est vrai, à leur servir d'amples tartines. Ils plaisantaient sur ses ambitions missionnaires démesurées, sur sa piété envers l' « Immaculée », qui leur paraissait abusive et mal fondée en théologie. Un rêveur, un chimérique un peu simplet, voilà l'idée qu'ils se faisaient de cette bombe spirituelle dont la mèche commençait à brûler.

C'est que la plupart des chrétiens ont depuis longtemps coupé leur religion en deux : il y a la terre, ses lois, usages et conventions formant avec quelques principes de morale chrétienne largement additionnée d'indulgence la base d'une conception raisonnable de l'existence ; et il y a le ciel, que l'on appelle volontiers l' « au-delà » pour mieux faire entendre qu'il n'est pas ici, et qui, bien que l'on y pense et que l'on y croie, fait l'objet d'un perpétuel ajournement. Cette séparation du ciel et de la terre, qui vivent chacun leur vie dans l'univers qui est le leur et ne se rencontrent guère que les jours de fête, est une catastrophe métaphysique fort ancienne, passée complètement inaperçue des historiens, et qui aide à comprendre pourquoi la chrétienté n'a jamais réussi à être réellement chrétienne. Kolbe ne pratiquait pas ce genre de dichotomie, mais la vision unitive de cet homme qui priait, on vient de le voir, en même temps qu'il argumentait, ne pouvait que paraître extravagante à ceux qui ne subissaient pas la même attraction du divin. Les « pèlerins de l'absolu » sont rares comme la comète de Halley, et, quand ils traversent notre atmosphère, l'idée de les suivre ne vient pas souvent à ceux qui les regardent.

Il ne peut ni enseigner ni prêcher. Ce sera le seul échec de sa vie. Encore n'est-il dû qu'à une erreur d'aiguillage de ses supérieurs, auxquels il se fait un constant devoir d'obéir, surtout, dira l'Avocat du diable, quand il est parvenu à les rallier à ses vues. Ce n'est tout de même pas le seul cas. Dans une longue lettre à son jeune frère, il chante l'obéissance sur un thème d'une simplicité angélique. La gloire de Dieu, dit-il, c'est le salut des âmes : nul ne désire ce salut plus ardemment que lui, et nul ne sait mieux comment l'assurer. Telle est sa volonté, à laquelle il est nécessaire de se conformer, pour le bien de tous, et le nôtre. Comment la connaissons-nous ? Par ses représentants sur la terre. Certes, « il peut arriver qu'ils se trompent, mais nous ne nous trompons jamais en leur obéissant », car l'obéissance nous donne accès à une sagesse supérieure que nous ne saurions atteindre par nos propres moyens. Cependant, que ce soit par l'effet de sa force de persuasion ou pour quelque indéchiffrable cause, c'est un fait que les choses ont tendance à tourner dans le sens qui convient à Kolbe.

C'est ainsi que déchargé de cours et d'homélies, il peut se consacrer, avec l'approbation de ses supérieurs et de l'évêque du diocèse, à sa mission mariale et à l'extension de cette « milice » qui lui tient tant à cœur. Et il réussit. Les railleurs, sans doute lassés, se taisent, et les adhésions lui viennent d'un peu partout, des rangs de ses confrères, de l'université, de la ville ou des champs. Comme tout le monde ne dispose pas de tout son temps, il institue trois degrés d'engagement de difficulté croissante. Au premier degré, on sympathise et l'on prie ; au deuxième, on agit ; au troisième, on applique, ou mieux on s'applique dans sa brève rigueur l'intégralité du statut rédigé un jour d'inspiration au collège de Rome, c'est-à-dire que l'on prend définitivement congé de soi-même dans l'acte de consécration suivant :

« O Immaculée, reine du ciel et de la terre, refuge des pécheurs et mère très aimée, à qui Dieu a confié l'économie de sa miséricorde, moi, X, misérable pécheur, je me prosterne à tes pieds en te suppliant humblement de m'accepter entièrement comme ta chose et ta propriété, et de faire ce qu'il te plaira de ma personne, de ma vie, de ma mort et de mon éternité. Dispose de moi sans réserve [...] afin qu'entre tes mains immaculées et très miséricordieuses je devienne un instrument utile pour greffer et accroître ta gloire en tant d'âmes égarées ou indifférentes, et pour étendre le plus possible, de cette manière, le règne béni du cœur très saint de Jésus. Car la grâce de la conversion et de la sanctification vient avec toi, puisque toute grâce du Christ passe par tes mains. »

Le succès de la « milice » mariale est évidemment difficile à chiffrer, mais les adhérents furent assez nombreux, dès les débuts, pour faire quelque temps plus tard un véritable triomphe aux petits journaux de Kolbe qui allait droit son chemin sans se préoccuper des critiques. Cependant la tuberculose elle aussi progressait, soumettant le malade à de rudes accès de fièvre accompagnés d'hémorragies, ce dont il ne songera pas un instant à se plaindre. Dans aucune de ses lettres on ne relèvera la moindre trace d'amertume, la plus petite allusion à l'injustice du sort qui l'affaiblit quand il n'aurait pas trop de toutes ses forces pour donner un commencement d'exécution à ses immenses projets. Au contraire il reçoit la souffrance comme une grâce supplémentaire, et un moyen d'action plus puissant que tous les autres. Il ne la recherche pas pour elle-même, elle ne serait alors qu'un plaisir de plus; mais c'est peu dire qu'il la subit sans murmurer, il l'accepte avec reconnaissance car il sait, de la certitude active qui fait les saints, qu'il y a sur cette terre une connivence secrète entre la souffrance et l'amour. « Lorsque la grâce enflamme nos cœurs, elle y suscite une vraie soif de souffrir, dit-il, de souffrir sans limites, d'être méprisé, humilié, de témoigner par notre souffrance combien nous aimons. Car elle est seule à enseigner l'amour. »

C'est un grand mystique, donc un incendiaire qui fait feu de tout bois, des lourdes croix de la maladie aux brindilles des contrariétés quotidiennes. Et quand dans le dénuement total d'Auschwitz il ne lui tombera plus rien à brûler sous la main, ce sont les restes de sa propre personne qu'il livrera, sans hésiter, à la combustion lente de la faim et de la soif.

12.

INTERMÈDE

On l'envoya tout d'abord à l'hôpital, puis à Zakopane, séjour de montagne où la population vivait allongée sous des vérandas, comme dans une serre les plantes fragiles. Le voyage, qui ne semble lui avoir fourni aucune occasion de controverse ou d'exercice apologétique, lui aura paru monotone. Il a dû se borner à lacérer une affichette collée sur une vitre de son wagon par les missionnaires d'une secte américaine qui avaient eu l'idée originale de tenter les Polonais en invectivant contre le pape. Sa première lettre est pour sa mère : « Me voici parvenu à destination. [...] Et maintenant que la volonté de Dieu s'accomplisse, que le mal demeure, régresse ou disparaisse. »

Avec son ami le père Pal, qui vit en Roumanie, il est un peu plus explicite : « Me voici à la montagne pour recouvrer la santé. C'est la même chose qu'à Rome, un catarrhe pulmonaire. Je dois marcher peu, et tout doucement, passer de longues heures étendu au grand air, et vivre en exilé, loin du couvent, pour des mois. » Il s'inquiète de tous les compagnons de la « milice », ne demande rien de plus pour lui-même que les paroles et la musique du cantique français *J'irai la voir un jour*, rappelle à son correspondant leur engagement commun de prier chaque jour à la messe pour obtenir « la grâce du martyre » et lui donne rendez-vous au paradis, après avoir exprimé, toutefois, la crainte d'y arriver en ayant laissé trop de grâces infructueuses. Tel est le ton de toutes ses lettres, dont la philosophie est des plus simples : « Le mieux, c'est ce que Dieu voudra. »

Comme il n'a plus guère qu'un poumon, qui du reste n'est pas en très bon état, son provincial lui a ordonné de tout laisser pour ne plus se préoccuper que de sa santé. Il obéit, mais il n'a pas, comment dire, l'obéissance systématique, ou alors il se fait de la santé une autre idée que ses supérieurs. En fait, quand les religieux d'un établissement de cure lui font savoir qu'un de leurs malades est près de sa fin, il oublie qu'il doit « marcher peu, et tout doucement ». Que ce soit de jour ou de nuit, il court dans la neige et remonte au vent pour apporter à temps, ruisselant de pluie et les mains glacées, les derniers sacrements au mourant. La « santé », pour lui, c'était le bien des autres.

Dans ces conditions, il lui était impossible de laisser autour de lui, dans cette cité des bords de l'ombre, tant d'âmes errer dans le vide du scepticisme ou s'engloutir dans les eaux mortes du désespoir. Il est constamment sur le qui-vive, comme une sorte de pompier des fléaux spirituels, qui se porte, avec son matériel dialectique et un sourire que l'on trouvait charmant, en tous lieux où le péril lui paraît le plus pressant. Il convertit des libres penseurs, s'intéresse à un juif qui lui demande le baptême et l'obtient sans peine, ramène à l'Eglise, ou en tout cas fort près, un directeur d'établissement qui s'en tenait fort loin, assiège le sanatorium de l'entraide universitaire peuplé de jeunes incrédules, espèce rare en Pologne, et finit par enlever la place. Il y poste une garnison de médailles miraculeuses et renforce la position avec des piles d'évangiles, tout cela sans esquiver, sauf cas d'urgence, les heures de chaise longue qu'il dédie à la sainte obéissance.

Bien qu'il se soigne mal, sa santé s'améliore quelque peu. Au printemps de 1921, les médecins lui conseillent de passer la belle saison à la campagne, et ses supérieurs l'envoient au couvent de Nieszawa. Cette fois, le train qui l'emmène n'est pas le morne convoi de Zakopane où il n'a trouvé qu'une maigre affichette à se mettre sous les ongles, c'est un vrai train de cocagne, son wagon est un carrosse enchanté : « Allant à Nieszawa », écrit-il à ses compagnons de la milice mariale de Cracovie, « j'ai eu l'occasion de parler à diverses personnes, un juif (sans papillotes), une jeune fille juive (élégamment vêtue), un catholique du Caucase et quelques autres. J'ai placé la conversation sur un thème religieux, sans trop me fatiguer toutefois, laissant la discussion s'organiser entre eux, et me bornant à intervenir quand c'était nécessaire pour éclaircir quelque point. L'Immaculée m'a donné un peu de clarté d'esprit, et tout s'est très bien passé.» Quand la gare n'est plus très loin, il prend la parole, résume la conversation, conclut par un « bref exposé » qui va de la loi naturelle et de l'élection d'Israël au protestantisme et au catholicisme. La prière, dit-il enfin, est le meilleur moyen de reconnaître la vérité. Tout le monde est content, les juifs d'être élus, le protestant de n'être pas réprouvé, et, à la descente du wagon, le catholique du Caucase lui fait savoir la satisfaction générale au nom de la petite assemblée. Telle est sa méthode, et sa manière de concevoir les voyages.

A Nieszawa il lui faut, pour commencer, surmonter une bien grande tentation : il y a, tout près du couvent, une école où quatre cents enfants vivent spirituellement à l'abandon, et la « sainte obéissance », qui se rappelle de temps en temps à son bon souvenir, lui interdit de s'en occuper. Ce serait une de ces charges permanentes que ses supérieurs lui ont défendu d'accepter tant qu'il ne serait pas guéri. Il lui faut donc subir le supplice de Tantale de l'ogre bienfaisant passant tous les

celui qui a des désirs irréalisables

89

jours devant une réserve d'inabordables petits Poucets. Peut-être est-ce pour se dédommager qu'il met le siège devant un pasteur protestant, qu'il harcèle de questions sournoises sur les Ecritures, en particulier sur les textes relatifs à la primauté de Pierre, autrement dit du pape, tant et si bien que l'autre lui ferme sa porte, pour le voir revenir par l'entrée de service. Il semble qu'il n'ait pas encore enlevé les premières défenses du pasteur lorsqu'il apprend, soudain, qu'il est mort, lui, Kolbe. En effet, la nouvelle de son décès est parvenue on ne sait comment à Rome, à la grande consternation du recteur Ignudi, excellent homme qui fut sans doute le premier à deviner quel genre de canard le vieux Collège international avait couvé sous ses ailes séraphiques. Il fait dire aussitôt une messe pour le repos du défunt, et il écrit sur son registre : « 14 juin — Aujourd'hui a été chantée une messe de requiem pour l'âme du père Maximilien Raymond Kolbe, de la province de Pologne, élève de ce collège, mort de phtisie le... Ce fut un petit ange, un jeune saint, plein de ferveur et de zèle, un des meilleurs élèves que ce collège eût jamais eus. [...] »

Dans l'espace laissé libre par la date incertaine du décès, on peut lire d'une encre légèrement plus fraîche cette exclamation qui dit tout sur le chagrin et la joie du bon recteur : « Fausse nouvelle ! Il n'est pas mort ! »

13.

L'ESSOR

Non seulement il n'est pas mort, mais il va mieux, grâce au bon air, et à un pneumothorax dont il ne dit pas un mot. Il fignole l'encerclement de son pasteur, écrit à Rome pour manifester son existence, et à son jeune frère qui lui confesse ingénument qu'il se croit très près de l'idéal sacerdotal quand il en parle, et très loin quand il lit ses lettres. Il faut dire qu'elles ne sont pas de nature à flatter les illusions d'un gentil petit moine. Plus on avance dans l'infini, plus il reste de chemin à parcourir, voilà la première constatation que l'aspirant à la sainteté ait à faire, s'il ne veut pas se croire arrivé avant d'être parti. « Puisses-tu, écrit Maximilien à Joseph à l'occasion de son anniversaire, atteindre la hauteur spirituelle de ton patron, voire, si Dieu le veut, la dépasser, puisqu'en toutes choses un progrès est toujours possible! Et dois-je te souhaiter les souffrances qui furent les siennes? Sans ce feu l'âme ne s'enflamme pas, elle ne brille pas, elle se fond dans la grisaille de l'anonymat. » Les missives de Maximilien font à Joseph l'effet de douches froides. « Il suffit que tu m'écrives, dit-il à son frère, pour que je me retrouve au bas de l'échelle. » On sent la déception de l'enfant qui jouait déjà au cerceau avec son auréole, et qui se voit renvoyer à son banc. Mais il ne se décourage pas. C'était un excellent garçon. Peut-être même en eût-on fait un saint si les regards, par la suite, n'avaient été éblouis par la fulguration du phénomène de la famille.

Un peu avant Noël de l'année 1921, Kolbe, guéri ou non, reçoit la permission de revenir de Cracovie. Il retourne au bercail franciscain avec un projet qui suscitera, dans son ordre, un enthousiasme inégal. Le porte-à-porte apostolique et le colloque ferroviaire ne lui suffisent plus, il veut atteindre le grand public, et lancer un journal comme on lance un filet. Au début, ce ne sera pas un bien gros chalut, mais plutôt un épervier de modeste envergure, bref une revue dont il a déjà la maquette dans l'esprit. Elle aura peu de pages, le papier sera le moins coûteux possible, les frais de composition seront réduits, et les frais de rédaction nuls. Elle portera un titre d'un romantisme à décourager les agents de publicité : ce sera *le Chevalier de l'Immaculée*, qui remplira, entre autres missions, le rôle d'officier de liaison entre les différents centres de la « milice mariale ». *Le Chevalier* ne parlera pas politique, cette lice n'est pas pour lui, on y manque par trop de détachement et de générosité ; c'est le domaine de l'à-peu-près philosophique, du raisonnement inachevé, du mensonge dans la pire hypothèse, et, dans la meilleure, du malentendu généralisé.

Le Chevalier, plutôt que de patauger dans le marécage de l'actualité, aurait à rapprocher ses lecteurs de cette image de Dieu que les uns portent en eux sans la distinguer très clairement, et les autres sans le savoir. Pour les intelligences obscurcies par les efforts conjoints du matérialisme et de l'idéologie, il n'y avait de salut que dans la foi. *Le Chevalier* le leur dirait, dans le langage traditionnel de la chevalerie, qui est celui de la prière et de l'honneur. Quant à la formule rédactionnelle, elle serait dépourvue de vaines complications. Les instructions de Kolbe à ses collaborateurs seront courtes et limpides. « N'écrivez rien, leur dira-t-il un jour avec sa redoutable candeur, qui ne puisse être signé de la Vierge Marie. »

Il va rencontrer des difficultés. La presse est alors considérée dans les milieux religieux comme un moyen de communication impur. Passe encore d'écrire des livres, bien qu'il s'agisse d'une activité douteuse, que la prudence invite à pratiquer sous le contrôle de la hiérarchie. Mais un journal, cette parole qui déteint, cette affiche volante qui a emballé tant de salades que le contenant est devenu synonyme du contenu, ce véhicule de la libre pensée, cet almanach du diable et ce bréviaire de la futilité, était-il admissible qu'un honnête franciscain dilapidât son énergie dans une de ces manufactures de courants d'air ? Les anciens faisaient observer que saint François d'Assise n'avait pas de journal, mais Kolbe devait penser à part soi qu'il n'avait pas non plus de bicyclette et qu'il n'eût certainement rejeté aucun moyen de faire entendre sa musique évangélique le plus loin possible. Les supérieurs craignaient surtout que l'ordre n'eût à payer les dettes que Kolbe n'allait pas manquer de contracter. Ils le prévinrent donc qu'ils ne financeraient ni ne couvriraient l'entreprise, et ils le laissèrent entreprendre.

Kolbe fit la quête, rédigea douze des seize pages du premier numéro, et le fit imprimer à cinq mille exemplaires qu'il distribua dans les rues. Le texte chantait Marie, et relevait de l'ex-voto plus que de la revue de métaphysique et de morale. Durant sa vie, pas une seule fois Kolbe ne se posera la question qui hante les missionnaires stériles : « Quel langage faut-il parler pour se faire enten-

dre de l'homme d'aujourd'hui ? » Il n'avait pas de
ces perplexités. Il répétait ce que lui disait son
cœur, et les cœurs l'entendaient. Des lecteurs
écrivirent, envoyèrent des dons aussitôt convertis
en abonnements gratuits pour les impécunieux, le *pauvres*
tirage augmenta, et la caisse se vida, conformément aux prévisions du scepticisme. Kolbe
n'avait qu'une sorte de réponse à ce genre de
situation. Il resta longtemps en prière après la
messe, puis, levant les yeux, il aperçut sur l'autel
une bourse avec cette carte épinglée dessus :
« Pour ma chère maman, l'Immaculée. » C'était
l'argent de ses factures, et le message était trop
clair pour qu'on ne lui accordât pas l'autorisation
de le prendre pour lui. Je crois que c'est après cet
épisode qu'il prit la décision, à ses yeux excessive-
ment pratique, de coller au fond de la vieille boîte
en carton qui lui servait de caisse une image du
bienheureux Joseph Cottolengo, à charge pour
celui-ci de se montrer le moins possible. Fondateur d'une œuvre de charité ouverte aux handi-
capés, Cottolengo avait prohibé le compte en
banque : ses refuges devaient vivre au jour le jour,
et nul, chez lui, ne devait se préoccuper du
lendemain. Pour Kolbe, c'était l'homme indiqué
pour remplir la boîte en carton.

Ces méthodes agrémentées de *fioretti* ne plai-
sent qu'à moitié à l'Avocat du diable. Il déplore

95

que l'anecdote de l'enveloppe nous soit parvenue par l'intéressé lui-même, qu'il aurait voulu plus discret sur les subventions de la Vierge Marie, après avoir regretté qu'il le soit tellement sur ses apparitions. Il n'aime pas non plus sa manière de gérer son entreprise, qui lui paraît des plus aléatoires. L'Avocat du diable est exigeant, et c'est son devoir. « Je suis chargé, dit-il volontiers, d'épurer les anges. »

Cependant, à le voir épurer, je songe à celui qui, à Cana, changeait six énormes cruches d'eau en vin après que la noce eut déjà vidé la cave, manquement caractérisé à la tempérance, ou qui donnait en exemple à ses disciples le lis des champs, « qui ne file ni ne travaille », imprudence manifeste, et je me demande si, devant l'austère tribunal où se débat la cause des saints, on réussirait aujourd'hui à faire canoniser Jésus-Christ.

Malgré son nouveau caissier, qui fait ce qu'il peut, Kolbe ne pourrait pas continuer longtemps à payer des imprimeurs si un prêtre américain séduit par ses idées, qu'il trouvait bonnes, ne lui avait libellé un chèque de cent dollars qui lui permet d'acheter, aux sœurs de la Miséricorde, une vieille rotative à bras qui demande plusieurs tours de manivelle par page et qu'elles n'ont pas la force de manœuvrer. Tout de même, avec sa lourde mécanique à exténuer les frères rotativistes les plus robustes, à quoi s'ajoutera bientôt une machine à composer qui lui tombera du ciel, comme il se doit, le jour de l'Immaculée Conception, ses bonbonnes d'encre et son stock de papier, les allées et venues de ses expéditionnaires, livreurs, facteurs et lecteurs, ses bouquins, manuels et paperasses divers, Kolbe devient encombrant.

On l'expédie à Grodno, un coin de Pologne où la nature ne s'est pas montrée dépensière, dans un couvent qui menace ruine. Il part sans récriminer, avec deux compagnons dont l'un, fort rémouleur de rotative, ne sait pas écrire, ne sait pas lire, ne sait rien, sauf la charité. Deux jours après son arrivée il écrit à sa mère et lui raconte comment, alors qu'il s'efforçait de lire son bréviaire à la lueur des lampadaires de gare, un juif lui a offert une bougie : l'Ancien Testament éclairant le Nouveau, l'allégorie attend son peintre. Le juif sera remercié par la promesse de n'être pas oublié à la messe.

Comme sa mère doit s'inquiéter pour sa santé, Kolbe la rassure : le couvent de Grodno bénéficie du bon air de la campagne, et sa chambrette ouvre au midi, du côté du soleil, qui visite quelquefois le pays. Il y aura toujours, chez Kolbe, ce souci de convaincre ceux qu'il aime que son sort ne saurait être meilleur, qu'il est très bien là où il est. On l'eût envoyé vers la banquise qu'il eût vanté les charmes de l'igloo et les attraits de la prédication aux pingouins. « Ici, dit Kolbe dans une lettre à sa mère, les gens sont bons. » En tout cas, le couvent dépeuplé de Grodno lui fournit sans difficulté des locaux pour son imprimerie, ses rouleaux de papier, sa personne et ses adjoints. Restait à savoir si *le Chevalier*, qui avait fait ses premières armes dans les rues de Cracovie, apprécierait lui aussi le « bon air de la campagne ». On ne déplace pas un journal de six cents kilomètres sans perdre des lecteurs en chemin.

Ce fut le contraire qui arriva. Le tirage ne cessera d'augmenter. En quatre ans, il passera de cinq à soixante mille. Par la suite, quand le couvent de Grodno sera devenu trop petit, il s'élèvera à plusieurs centaines de milliers d'exemplaires, sans parler des publications annexes. Mais au prix de bien des privations. Au début, la petite équipe ne disposait que d'un manteau et d'une paire de chaussures pour trois : ceux qui n'avaient pas à sortir allaient pieds nus dans le couvent, auquel il fallait d'ailleurs payer pension, pour le gîte et le couvert. En outre, Kolbe et ses rotativistes avaient à remplir leurs tâches de bons conventuels, et à prendre leur part de ministère dans la paroisse dont les franciscains avaient la charge. On ne sait comment la fragilité de Kolbe a pu résister à ce régime, et ce ne sont pas ses lettres qui nous le diront : à son frère qui, avant de le rejoindre, s'inquiète de sa santé, il répond, paragraphe trois et dernier, que si la fièvre lui fait bien souvent éclater la tête, il n'a pas le temps de s'intéresser à ce genre de chose. Ce qui l'occupe, le jour, la nuit, avec ou sans tête, c'est *le Chevalier*, qui livre bataille sur bataille ; ses machines, son matériel typographique, ses kilos, puis ses tonnes de papier, son moteur Diesel, qui lui permettra d'éclairer le couvent (gloire à l'Immaculée), ses abonnés, qui règlent ou ne règlent pas, qu'importe, le bienheureux Cottolengo, recouvert de monnaie fondante, le mark polonais se dévaluant à vue de la main au comptoir, et ses postulants, de plus en plus nombreux à se présenter à sa porte pour partager ce qu'il est seul à pouvoir leur offrir, c'est-à-dire rien, et Dieu.

Cette austérité qui aggrave jusqu'à l'indigence les restrictions infligées à toute la Pologne n'engendrait ni aigreur ni mélancolie. Les hommes qui ont la hardiesse de se débarrasser de toute ambition sociale ou matérielle, et qui ont assez de sens pratique du divin pour se considérer eux-mêmes avec le détachement voulu, entrent dans une variété joyeuse de liberté inconnue du monde. Lorsque le trappiste, exproprié de lui-même, mal nourri de légumes bouillis, entre le travail et le service divin, soulève son capuchon sur notre passage, c'est pour découvrir un sourire. Et Kolbe n'avait pas l'humeur sombre que l'on attribue volontiers aux chercheurs d'infini. Il lui arrivait de raconter à ses compagnons des anecdotes rapportées de Varsovie, où les Polonais se consolaient avec des historiettes des mécomptes de leur histoire. Le soir, quand il avait le temps et qu'il faisait beau, il inventoriait pour eux la voûte céleste, ou bien il les enchantait de quelque conte scientifique sorti de son infatigable imagination, leur disant, par exemple, que l'univers avait sans doute une mémoire que l'acuité croissante de nos instruments d'investigation permettrait un jour de feuilleter comme un livre d'histoire ; ainsi pourrions-nous voir le Christ tel qu'il était sur la terre.

Mais ce n'étaient pas ses dons de romancier de science-fiction qui attiraient la jeunesse, c'était sa foi, l'espace illimité dans lequel se mouvait son intelligence, cet air que l'on ne respire que dans la prière et le style direct de son apostolat. Car il ne ressemblait pas à ces nouveaux théologiens qui font périodiquement hommage de leurs incertitudes doctrinales aux chrétiens. La religion est une réponse à la triple question du tableau de Gauguin : « Que sommes-nous ? D'où venons-nous ? Où allons-nous ? ». Avec l'Eglise, Kolbe répondait que nous sommes les enfants de Dieu, que nous avons failli échapper à Son amour créateur par le péché, et que nous revenons à Lui par le Christ et par Marie. Les jeunes pères de Cracovie ne se privaient pas de moquer plus ou moins gentiment leur confrère. Sa personne leur paraissait d'une extravagante naïveté, ses œuvres insignifiantes, et son *Chevalier* trop proche de Don Quichotte pour être admis aux grands débats du monde moderne, qui tournent autour du néant comme ces puissants entonnoirs du ciel qu'on appelle les « trous noirs ». Ils visaient l'*intelligentsia*, inacessible par définition, enfermée qu'elle se tient dans la tour de ses refus, refus d'admirer, de croire, d'adorer, derrière les meurtrières du soupçon, bien à l'abri des tonsurés. Comment toucherait-on des intelligences toujours prêtes à nier la raison, quand elle se montre trop contraignante, et au besoin à se nier elles-mêmes pour se soustraire à leur propre logique ? Tandis que les jeunes pères de Cracovie pensaient à la pensée, Kolbe pensait aux âmes que l'immense reflux du christianisme laissait dans la sécheresse et l'abandon. Il s'élançait vers elles comme on se jette à l'eau pour sauver son prochain, sans se préoccuper de briller.

Il semble qu'il ait été mieux compris à Grodno qu'à Cracovie. En tout cas les railleries lui sont épargnées, et le supérieur, pour le peu de temps qu'il lui reste à vivre, est son allié. Quelques vieux pères, pourtant, n'apprécient pas trop son remue-ménage apostolique, et se demandent, à voix plus ou moins haute, s'il est bien indiqué d'héberger un tuberculeux. Mais sa maladie n'est dangereuse que pour lui. En 1926, une rechute grave inquiète tout le monde, sauf lui, et le provincial des franciscains le renvoie à Zakopane. Il s'y rend par pure obéissance, « honteux d'aller se reposer, dit-il, quand les autres triment ». Dans ses lettres à son frère Joseph, que le provincial a désigné pour le remplacer à Grodno — et qui a pris sur sa timidité pour accepter un poste qu'il croit, à tort, au-dessus de sa compétence —, il parle de sa « milice » et de son *Chevalier*, de plieuses automatiques, de typographie. Et aussi de ces pères qui voudraient arrêter le développement de l'entreprise sous prétexte de rentabilité, ce qui provoque chez lui une sorte de sainte colère : comment peut-on se soucier de rentabilité, quand le monde se noie ? Il parle de son frère aîné Francesco, qui n'était pas bien au couvent, qui n'est pas mieux dehors, dont il espère une bonne confession qui ne viendra pas ; de saint Antoine de Padoue, qui envoie des zlotys au bienheureux Cottolengo ; de mille autres choses, mais non pas de sa santé, si ce n'est sous forme de notations brèves : « La fièvre m'empêche de t'écrire plus longuement », ou : « J'ai engraissé, mon teint est d'un beau rose, seule la fièvre persiste. [...] », ou encore : « L'Immaculée fera ce qu'elle voudra ; moi, ma santé, ma maladie sommes sa propriété, à son entière disposition. » En quarante ou cinquante lettres, une seule observation sur le climat. Le soleil de Zakopane n'est pas d'une assiduité exemplaire, et l'altitude permet surtout de voir les nuages de plus près.

Après une année de soins, à raison de cinq heures quotidiennes de « véranda », c'est-à-dire d'exposition aux nuages, il est guéri, ou considéré comme tel, et il rentre à Grodno, via Czestochowa.

Sur cette partie de la vie de Kolbe, l'Avocat du diable n'a rien trouvé d'exploitable dans les témoignages, tous favorables, ni dans les rapports d'enquête, qui ne rapportent guère.

14.

LA STATUETTE

En dépit d'annexions successives qui ressemblaient parfois à des coups de main, l'équipe de Kolbe finit par être trop à l'étroit dans le couvent de Grodno. Il fallait acheter des locaux, ce qui n'était pas dans les moyens du bienheureux Cottolengo, ou un terrain à baraquements, de préférence dans une région mieux appropriée à la diffusion d'un journal. L'occasion se présenta du côté de Varsovie, en bordure des propriétés du comte Lubecki. C'est Maria Winowska, dans l'ouvrage déjà cité, qui nous raconte les suaves péripéties de l'acquisition. Kolbe se rendit sur place, une statuette de la Vierge Marie dans les bras. Jugeant le lieu adéquat, il y planta la statuette, en invitant mentalement l'intéressée à en prendre possession. Puis il s'en fut chez le régisseur du comte, qui fixa un prix. Celui-ci était trop élevé pour la caisse en carton. Malheureusement, il l'était aussi pour l'ordre lui-même, qui n'était pas en fonds. Le provincial le fit savoir à Kolbe, qui, sans manifester la moindre déception, toute chose étant un effet de la volonté divine, demanda le lendemain ou le surlendemain une entrevue au comte pour lui exprimer le regret qu'il avait de ne pouvoir conclure l'affaire engagée avec son régisseur.

C'est alors que, avant de reconduire son visiteur, le comte Lubecki, mû par une inspiration fatale, posa une question imprudente :

« Que dois-je faire de la statue ?

— Laissez-la où elle est », dit Kolbe.

C'était ce qu'au bridge on appelle « squeeze », et aux échecs « zugzwang », une de ces situations dont on ne peut sortir sans perdre aussitôt la partie. En effet, expulser la Vierge Marie est une idée intolérable à un cœur polonais. Mais comment la laisser sur place, comme le demandait Kolbe, sans se rappeler, en passant devant elle, que l'on avait un jour refusé de la loger ? Autant se condamner à ne plus réciter de sa vie un seul *Ave Maria*. Le comte Lubecki prit la décision que lui dictaient d'une même voix sa piété, sa raison et sa générosité : il abandonna le terrain pour rien.

L'endroit portera désormais le nom de Niepokalanow, la « Cité de Marie ». Il n'y poussait que quelques carottes. On les mangera en montant des baraquements légers (« les constructions en dur brisent l'élan », disait Kolbe), l'un pour les machines, d'autres pour la rédaction, l'administration, la vie conventuelle et la statuette, qui avait acheté le terrain toute seule. Les paysans d'alentour aidaient volontiers les travailleurs, dont le courage et la frugalité les étonnaient, et, dans la mesure de leurs faibles moyens, amélioraient un peu l'ordinaire de la communauté assez souvent réduit au pain et à l'eau.

On ne possède aucune lettre de Kolbe relatant les débuts de la « Cité de Marie ». Il n'écrit guère qu'à des postulants, pour leur donner quelques indications sur leur trousseau et sur l'emplacement du couvent, à une certaine distance de la gare, non loin de la maison natale de Chopin, et qu'aucun clocher ne signale à l'attention. La lettre la plus intéressante est adressée au provincial de Lwow, à qui Kolbe explique l'échec de deux candidats à la vie religieuse, « celui qui a une si belle écriture » et « celui qui sait broder », venus à lui en braves garçons désireux de mener une vie conventuelle normale, et qui n'ont pas très bien compris que dans les cabanes en planches de Niepokalanow ils auraient à mener une existence « un tant soit peu héroïque » où il ne s'agirait pas seulement de vivre en bons religieux, mais de conquérir à l'Immaculée « une âme après l'autre, avant-poste après avant-poste, d'arborer son étendard sur les quotidiens, les périodiques, les agences de presse, les antennes radiophoniques, sur les institutions, les théâtres, les cinémas, les parlements, les sénats, en un mot sur toute la terre, en veillant en outre à ce que nulle main ne vienne l'arracher ». Puis il se rend compte de l'effet que ses propos peuvent avoir sur un provincial, qui n'a pas « toute la terre » à sa disposition : « J'exagère peut-être un peu », dit-il. Mais c'est pour ajouter aussitôt qu'il est nécessaire d'exagérer quand on ne veut pas tomber dans la médiocrité. On croit lire, avant l'heure, le fameux slogan de mai 1968 : « Soyez réalistes, demandez l'impossible. »

Ces baraquements recouverts de carton goudronné sur leur vague de terrain, c'est une flottille d'arches de Noé où l'on embarque à la hâte, au lieu d'espèces, les valeurs morales menacées par les eaux combinées d'un triple déluge idéologique, raciste et totalitaire. En guise de colombes, l'équipage de Niepokalanow lâchera bientôt sur la Pologne des milliers et des milliers d'oiseaux de papier, les innombrables exemplaires de ses périodiques, recueillis au passage et relancés par les deux cent mille adhérents de cette « milice mariale » à laquelle personne ne croyait, pas même ses fondateurs, Kolbe excepté. Les installations se modernisent, les cabanes s'allongent, la chapelle est agrandie. En 1930, une centaine de religieux ou de candidats à la vie religieuse mène

107

là l'existence « un tant soit peu héroïque » dont Kolbe parlait à son provincial. Les uns tiennent bon, d'autres partent, ou s'enfuient, mais à la veille de la Seconde Guerre mondiale ils seront plus de sept cents : je ne sais pas si l'abbaye de Cluny, dans sa splendeur médiévale, a jamais compté autant de moines. Tout cela fut entrepris sans moyens, sans « étude de marché », ce qui se pratique aujourd'hui pour toute chose, y compris la religion, sans collecte préalable. Une seule mise de fonds : la foi. Il ne s'interrogeait pas sur le monde, et ne se mettait pas en peine de l'étonner par quelque nouveauté doctrinale emballée dans un de ces discours pompeux qui, sous prétexte d'aller au fond, y envoient le lecteur. Il eût d'ailleurs été bien en peine de le faire : les témoins du procès nous apprennent qu'il manquait d'éloquence, et qu'il était facilement déconcerté par un public réticent, ou curieux de belles phrases, qui ne venaient pas. Mais lorsqu'il pouvait enfin parler du seul sujet qui l'intéressât, c'est-à-dire de Marie et de cet amour qui l'avait choisie bien avant qu'elle existât pour donner le jour à l'Evangile, alors ses auditoires intrigués subissaient une influence étrange et, peu à peu, prenaient moins garde à ses paroles qu'à son visage, qui resplendissait.

15.

PÉRIPLE

La « Cité de Marie » se développait tous les jours et Kolbe, qui l'avait déjà pourvue d'une antenne de radio, songeait à la doter d'un aérodrome. Mais il ne perdait pas de vue ce monde où il avait à planter les étendards de sa foi et l'Orient l'attira, comme beaucoup de grands esprits religieux fascinés par ces terres et ces populations inconnues avant d'être inconnaissables, et qui semblent opposer au christianisme le refus lisse et arrondi de la porcelaine. Ou peut-être tout simplement parce qu'il avait rencontré dans un train quatre étudiants japonais qui lui avaient offert, en échange de ses inévitables médailles miraculeuses, quatre petits éléphants fétiches dont les vastes oreilles lui parurent sans doute avides d'entendre le message chrétien. En tout cas, ce fut l'occasion d'un dialogue on ne peut plus kolbien avec le provincial de l'ordre :

« Vous parlez le japonais ?

— Non.

— Vous avez de l'argent ?

— Non.

— Comment comptez-vous faire ?

— Je m'adresserai à mes protecteurs habituels. »

Il s'agissait, bien entendu, outre l'Immaculée, des saints familiers de la caisse et de la maison, le bienheureux Cottolengo et Thérèse de l'Enfant-Jésus.

Les artificiers de la NASA qui visent la Lune tirent dans le sens opposé. De même le Polonais qui visait le Japon, ne pouvant traverser la Russie, devait, pour aller à l'Est, passer par l'Ouest. A partir de janvier 1930, Kolbe voyage beaucoup, et donne à la communauté de Niepokalanow quantité de détails sur ses déplacements. « Je bavarde, je bavarde », dit-il. Mais c'est une manière de faire acte de présence parmi les siens. A Varsovie, il fait la tournée des consulats. Car si l'on pouvait, avant la guerre de 1914, circuler dans toute l'Europe, sauf en Russie, avec une simple carte de visite, après la guerre on commença d'exiger partout des passeports et des visas, comme si les pays rectifiés ou inventés par la diplomatie voulaient s'assurer de leurs frontières, les autres tenant à marquer la pérennité des leurs. Au consulat d'Italie, sa connaissance de la langue lui

110

vaut, écrit-il, [un accueil idyllique]. Le consulat
tchèque est tout neuf, comme la Tchécoslovaquie,
et le visa s'achète au guichet aussi facilement
qu'un timbre. Le consulat de France, hélas! est
aussi somptueux que mal tenu, les colonnes sont
de marbre, mais les rideaux sont loqueteux, les
lustres borgnes, et le visa est le plus cher d'Europe, alors qu'il est presque gratuit dans les
consulats d'Autriche et d'Allemagne. Il griffonne
des notes dans les trains ou dans les gares, en se
reprochant ce qu'il appelle ses caquetages, qui le
font apparaître sous l'aspect jusqu'ici peu visible
d'un être vif, allègre, complètement libéré par le
don de soi-même et resté à trente-cinq ans, à
travers les épreuves et les humiliations — le mot
revient souvent dans ses lettres —, l'enfant ravi
qu'il avait été, à dix ans, dans la chapelle de
l'apparition.

Dans le train de Cracovie, il rencontre un
gentilhomme polonais, qui se lève, salue, reçoit
aussitôt un exemplaire du *Chevalier*, et se rassoit
pour lire autre chose. Arrivent deux étudiants,
avec lesquels Kolbe ouvre sans plus tarder un
débat métaphysique. Le gentilhomme écoute
attentivement, mais lorsque l'on en vient à dire
que certains ne cherchent pas la vérité de peur de
la trouver, et qu'elle leur crée des obligations,
il empoigne sa valise et change de compartiment.

Après Cracovie, où un père franciscain ému aux

111

larmes l'embrasse en apprenant qu'il se propose de publier son *Chevalier* en Orient, Kolbe visite à Vienne, ébloui, la maison des pères verbites, qui ont des machines typographiques, des machines offset, des machines relieuses, des machines à laver, des machines à pétrir le pain, des machines partout, excepté à l'église. Il prend note de cette splendide machinerie dans le train qui l'emmène à Rome, via Orvieto. Il a toute une série de démarches à faire pour obtenir les autorisations et bénédictions nécessaires à sa mission orientale. Dans les bureaux romains de la « Propagation de la foi », d'excellents jeunes gens originaires de l'Inde, de la Chine et du Japon le renseignent sur ces pays lointains, et se mettent, incontinent, à traduire en indien et en chinois *le Chevalier* qu'il se propose d'éditer chemin faisant vers Nagasaki, dont l'évêque, né japonais, posera moins de conditions à son activité que tel ou tel évêque du parcours, né jésuite. Quand il se préoccupe du prix du voyage, il le trouve trop élevé, et comme il espère qu'on lui fera de meilleures conditions en France, il y va. Première étape, Assise, et c'est de la ville de saint François que part à l'adresse d'un frère de Fribourg une lettre dont le post-scriptum fait sursauter, quand on sait quelle sera la fin de l'histoire : « Ecris-moi si tu persévères encore dans l'intention de te dédier à l'Immaculée, si tu veux vraiment lui consacrer ta vie, te consumer toi-même et te montrer disposé à abréger ta propre existence *par la faim,* en t'exposant pour elle aux privations et aux risques d'une mort prématurée... »

L'itinéraire de Kolbe obéit ensuite à une logique insensible aux avantages du raccourci. A Marseille, il négocie adroitement son passage sur *l'Angers :* il prendra ses repas en troisième classe, et couchera en deuxième. Le bateau n'étant pas près de partir, il se rend à Lourdes. La basilique lui paraît gracieuse, mais, construite de main d'homme, elle est moins belle à ses yeux que la grotte, « où la prière ne cesse jamais ». Et puis, une grotte, c'est toujours un peu Bethléem. Il a commencé à se laisser pousser la barbe, pour faire bonne impression en Orient. A Lisieux, qui est à deux pas (pour lui), il visite les Buissonnets, la maison de Thérèse de l'Enfant-Jésus. Il aperçoit, parmi les objets personnels de la jeune fille, un jeu d'échecs : il se reprochera moins d'aimer ce jeu. De Lisieux, il retourne à Rome, via Paris, l'Allemagne, Niepokalanow et Vienne ; il paraît qu'à cette époque la ligne droite passait par là. Après avoir obtenu les visas chinois, dit la messe « dans l'église où la Vierge Marie est apparue à Ratisbonne », et reçu cent dollars du révérendissime père général des franciscains, qui regrette de ne pouvoir lui offrir un million, il repart pour Marseille. Enfin, le 6 mars 1930, il met le pied sur *l'Angers* avec les quatre frères de son ordre qui l'accompagnent, et il écrit à sa mère pour lui annoncer son départ. L'aimable compagnie qui le loge en deuxième classe avec un billet de troisième lui ouvrira chaque matin la salle de musique des premières pour y dire la messe. La lutte des classes est terminée, le bateau est à lui.

D'escale en escale, il sème les cartes postales comme le Petit Poucet ses cailloux.

Au père provincial : « Léger mal de mer, mais tout va bien. On mange quatre fois par jour. »

Au même : « J'ai parlé du *Chevalier* avec l'évêque de Port-Saïd. Il m'a demandé de m'arrêter ici au retour. »

A son frère Joseph, intérimaire timide de Niepokalanow : « Les frères (qui l'accompagnent) écrivent tant que je peux m'abstenir de te donner des détails. »

A sa mère : « Encore trente jours de voyage. Prie pour moi. »

A la communauté de Niepokalanow : « Sur le navire *Angers*, mer Rouge, près de Djibouti : souvenez-vous de nous à la messe. »

Au provincial : « L'évêque de Singapour demande vingt *Chevalier* en chinois. » « Je vous écris de ma cabine, sur la mer de Chine. Je posterai cette carte à Hong Kong : de là, elle passera par la Sibérie. L'évêque de Saïgon n'a rien contre notre établissement dans son diocèse. » Au même : « Demain, Hong Kong. Il doit y avoir des pirates en mer, car des soldats français voyagent avec nous. » Post-scriptum : « Nous quittons la zone torride, et nous commençons à respirer plus librement que sous le tropique, où l'on ne peut que boire et transpirer. » A Joseph : « Nous pourrons diffuser *le Chevalier* à Hong Kong, mais non pas l'imprimer. » Au provincial : « Un bienfaiteur chinois nous a promis une maison. » A la communauté de Niepokalanow : « Shanghai. L'édition chinoise du *Chevalier* rencontre des difficultés. Tout est prêt, manque seulement la permission, ce qui confirme ce que je pressentais à Niepokalanow, à savoir que la plupart des ennuis nous viendraient des missionnaires européens. » Au révérend père général de l'ordre : « Shanghai. Comme je le pensais, les difficultés relatives au périodique sont grandes, non de la part des " païens ", mais de la part des missionnaires européens dont les ordres et congrégations ont partagé la Chine en territoires où chacun d'eux a seul le droit d'exercer. Il nous reste le Shensi, mais il manque de tout moyen de transport ferroviaire ou fluvial. »

Il étudie la possibilité d'imprimer *le Chevalier* chinois au Japon, pour l'expédier en Chine. « Mais si l'évêque de Shanghai veut bien que nous ouvrions une " procure " (c'est un simple bureau), il exige qu'un prêtre y reste à demeure. » Pour la troisième et la quatrième fois, Kolbe se plaint de

115

ces féodalités missionnaires fortifiées dans leurs petites murailles de Chine et, après avoir laissé deux frères à Shanghai, il rembarque, avec les deux autres, pour le Japon.

16.

« MARIE-SANS-PÉCHÉ »

A Nagasaki, la première chose qui retient son regard est une statue de l'Immaculée Conception, devant la cathédrale. L'évêque né japonais a laissé entendre qu'il accueillerait volontiers des renforts pour paître des brebis chrétiennes parmi les cerisiers en fleur, mais il est absent, et son vicaire général considère le nouveau venu d'un œil froid. Les franciscains journalistes ne l'intéressent que médiocrement. Tout change lorsqu'il apprend que son interlocuteur a fait des études au Collège séraphique de Rome, et qu'il est à même d'enseigner la philosophie. Monseigneur, qui cherchait désespérément un professeur pour enseigner cette matière au séminaire diocésain, sera ravi de l'avoir trouvé. Kolbe n'en trouve pas, l'Immaculée a tout disposé pour qu'il en soit ainsi. Il voit aussitôt tout le parti qu'il peut tirer de la situation. Il enseignera, et monseigneur lui accordera des facilités pour son installation, son *Cheva-*

lier, un nouveau « Niepokalanow », l'expédition de son journal en Chine. Et il obtient effectivement tout cela, tant Monseigneur aime la philosophie.

Cependant, les débuts sont encore plus durs qu'en Pologne. Le local délabré concédé à Kolbe et à ses deux compagnons — d'autres viendront les rejoindre — n'oppose qu'une résistance partielle aux intempéries. On couche par terre, il pleut dans la marmite, on mange sur des bancs ou des caisses une nourriture que l'estomac de Kolbe réprouve (« Dans le métier de missionnaire, dira-t-il, la difficulté, c'est la cuisine. ») et, en attendant de conquérir le monde, on est envahi par les moustiques. (« On ne peut s'en protéger la nuit qu'en se cachant sous sa couverture, mais c'est pour y mourir de chaleur. ») Le pauvre père est malade. Aux maux de tête et à la fièvre habituelle s'ajoutent des abcès sur tout le corps. Il marche avec peine, dit la messe sur un pied, soutenu par ses frères, et on le ramasse un jour, inanimé, sur la route. De ces souffrances et désagréments divers, aucune trace dans ses lettres. Il ne pense qu'au minuscule troupeau des chrétiens du Japon, 50 000 à Nagasaki, moins de 100 000 en tout sur 80 000 000 d'habitants, et qui vivent dans le souvenir des milliers de martyrs crucifiés dans leur pays au XVIIe siècle. Et il laisse aller son imagination : il voit son *Chevalier*, équipé à Nagasaki, bondir par-dessus la mer, traverser la Chine, conquérir l'Inde, débarquer au Proche-Orient, parlant tantôt l'arabe, tantôt l'hébreu, pour atteindre finalement un milliard de lecteurs, d'amis, de sympathisants, la moitié de la population de la planète.

Et un mois, jour pour jour, après leur arrivée, les missionnaires qui ne savaient pas le japonais sortent dans la langue du pays le premier numéro de leur revue. Seulement, le mot « Immaculée », étant à ce qu'il paraît intraduisible en japonais, *le Chevalier de l'Immaculée* sera *le Chevalier de Marie-sans-péché*.

Le 24 mai 1930, il envoie cette exultation télégraphique à la communauté de Niepokalanow : « Aujourd'hui expédions *le Chevalier* japonais. Nous avons une imprimerie. Gloire à l'Immaculée. »

Telle est la puissance magique de cette race de fondateurs. Jetez-les dans le désert avec leurs seuls vêtements, sans carte, sans boussole, sans outils, et vous verrez le sable se mettre en mouvement pour élever une cathédrale autour d'eux.

On distribuera les dix mille premiers exemplaires du *Chevalier* japonais dans la rue, en respectant les usages locaux, qui veulent qu'avant de remettre la brochure au passant l'on obtienne son acquiescement par un salut à quatre-vingt-dix degrés.

Les textes ont été rédigés en latin ou en italien, et traduits par les clercs de monseigneur avec l'aide d'un méthodiste de bonne volonté que Marie-sans-péché finira par gagner complètement à sa cause. La machine, rouillée, donne autant de fil à retordre aux frères imprimeurs que celle de Grodno, et elle débite le même genre d'articles qu'en Pologne, avec le minimum de transpositions (comme celle du titre). La formule est inchangée, le succès identique. Quand on touche une fibre intime de la nature humaine, la vibration est la même partout.

Les manifestations d'incompréhension ou d'hostilité, qui s'étaient beaucoup atténuées durant l'exil de Grodno, reprennent de plus belle. On reproche à Kolbe la mauvaise qualité intellectuelle et littéraire de sa revue. Il fait peu de cas, dit-on, de la culture japonaise ; mais il ne croit pas que la culture aille aussi loin ou descende aussi profond dans les cœurs que la religion, et il s'inspire constamment de la parole du Christ : « Je vous remercie, Père, d'avoir caché ces choses aux sages et aux savants, pour les révéler aux humbles et aux petits. » On dénonce une fois de plus la « sentimentalité » de sa dévotion mariale, et comme il appelle volontiers la Vierge Marie « petite maman », l'un de ses anciens compagnons parmi les plus proches raille cette innocente habitude dans un article sauvagement intitulé : « Dieu le Père, Papy ? La Vierge Marie, Mamy ? » Il a souffert de cette cruauté.

Au procès, l'Avocat du diable alourdira l'accusation de charges théologiques. L'inculpé a parlé un jour du dogme de Marie médiatrice, et ce n'est pas un dogme, du moins pas encore ; en écrivant : « La vie à tout instant, la mort où, quand et comment, mon éternité, tout est à toi, ô Vierge Immaculée, fais de moi tout ce qu'il te plaira », il rédige un programme Mario-centrique plutôt que Christo-centrique. En tout cas, ce n'est pas un programme égocentrique.

S'il entre du sentiment dans la manière d'être de Kolbe, parce qu'on n'imagine pas un amour qui en soit privé, il n'y a pas de sentimentalisme dans sa pensée, qui navigue à des années-lumière de ses détracteurs. Le dogme de l'Immaculée Conception, qui semble impliquer une étrange sorte d'antériorité à elle-même de la Vierge Marie, se situe en plein cœur de la Sainte-Trinité. C'est un mystère éblouissant qui exerce un effet de sidération sur l'intelligence qui a la hardiesse de le fixer, et Kolbe est assez hardi pour cela. C'est une dévotion forte, comme Marie elle-même. La très jeune personne qui chante le *Magnificat* lors de sa visite à sa cousine Elisabeth : « Mon âme glorifie le Seigneur, mon esprit exulte en Dieu mon sauveur. [...] Il a regardé l'humilité de sa servante, il a accompli en moi de grandes choses », est évidemment une puissance de la terre et des cieux ; ceux qui lui sont attachés reçoivent tous quelque chose de sa lumière. Les autres les regardent, ne voient que les statues devant lesquelles ils prient, et ils les jugent pauvres d'esprit.

Il y avait cependant plus grave, pour Kolbe, que ces escarmouches : les minuties administratives d'un nonce apostolique auquel il manquait toujours un tampon pour reconnaître la validité d'une pièce, ou les récriminations de franciscains canadiens irrités par les empiétements des nouveaux missionnaires sur leur territoire : l'œuvre de Kolbe elle-même était menacée, il était question en haut lieu de mettre fin à sa mission. Il repart en sens inverse pour aller défendre sa cause devant le chapitre général de l'ordre. Cette fois, la Sibérie veut bien s'entrouvrir pour le laisser passer, et il arrive en Pologne au début de juillet 1930. Au chapitre général, qui se tient à Lwow, il ne compte pas que des amis, mais il plaide avec une éloquence inhabituelle, avançant que les franciscains ont eu leurs martyrs au Japon et qu'il importe de continuer leur apostolat ; que la communauté chrétienne de Nagasaki est la plus nombreuse du pays ; que l'on peut compter sur l'appui de l'évêque, Mgr Hayasaka ; que *le Chevalier de Marie-sans-péché* a été accueilli avec sympathie, le tirage montant d'un numéro à l'autre ; qu'il est indiqué, non seulement de poursuivre sa publication, mais de fonder un Niepokalanow japonais pour la gloire de l'Immaculée et la conversion des « païens ». Puis il se tait, et tandis qu'autour de lui l'on discute de son cas avec plus ou moins de bienveillance, il égrène discrètement chapelet sur chapelet. Et son argumentation l'emporte, à moins que ce ne soient les *Ave Maria*. Il est confirmé dans sa mission, avec les bénédictions juridiques voulues.

Durant cet épisode, il écrit peu. Un télégramme à son frère, « gardien » de Niepokalanow : « Le Japon est en danger — Priez. » A sa mère, pour qu'elle ne s'attende pas à le voir trop tôt. Une lettre à son provincial, où il indique, comme incidemment, que la maison religieuse qu'il a demandé l'autorisation de fonder existe déjà, virtuellement : c'est un terrain, « comprenant même un potager », dont tout le monde lui a déconseillé l'acquisition. Mais il est si peu convoité qu'il n'est pas cher. Il l'a acheté malgré les avis contraires. Et lors du bombardement de Nagasaki en 1945, l'onde de choc, de flammes et de terreur de la bombe atomique expirera aux portes du couvent, qui s'ouvriront aux orphelins de la ville.

Avec ses renforts, il retourne au Japon par le même chemin, à travers la Sibérie et la Corée. On a emporté des provisions, et l'on se fera du thé dans les gares. Kolbe avait quitté Niepokalanow de nuit, assez inopinément — l'occasion d'un train, ou un train d'occasion —, et quand il était allé dire au revoir à son frère, celui-ci dormait : « Je n'ai pas voulu te réveiller, lui écrit-il au premier arrêt, parce que j'aurais été désolé de le faire ; mais je t'ai bien regardé. [...] » Il ne le reverra plus. Quelque temps après son retour à Nagasaki, un télégramme lui arrive comme un coup de fusil : « Joseph est mort saintement — Tout continue comme avant. » Il a laissé son frère en bonne santé, et on lui fait savoir, sans transition, qu'il n'est plus. Le télégramme ne lui dit pas que Joseph a été emporté en peu de jours par une crise aiguë d'appendicite, décelée trop tard, et la seule trace de ménagement que l'on y relève est, paradoxalement, ce « tout continue », condoléances insolites destinées à rassurer Kolbe sur son œuvre. Ce doux petit frère, qui avait tant hésité à s'élancer à la suite de son terrible aîné dans les abîmes célestes de sa cosmogonie mariale, avait fini par se laisser conquérir et entraîner à son tour, et il était mort au milieu d'une neuvaine à l'Immaculée Conception. La nouvelle devait parvenir à Kolbe la veille de cette grande fête : grâce incluse dans le deuil, il dira la messe pour Joseph en ornements blancs. « J'ai reçu le télégramme [...], écrit-il à l'expéditeur. Cependant, après la profonde émotion première, le réconfort s'est glissé dans mon cœur, parce que ce télégramme

est parti durant la vigile de l'Immaculée Conception. [...] Peut-être les funérailles ont-elles eu lieu
le jour même de la fête ? Alors, pourquoi s'affliger ? Il est évident que l'Immaculée l'a appelé
auprès d'elle. [...] La dépêche nous est parvenue
le 7, après la messe. Le lendemain 8 décembre,
jour de la fête, j'ai donc célébré à l'intention de
Joseph en blanc : il n'était pas possible de faire
autrement. » La lettre se poursuit longuement, à
tel point que Kolbe a le temps de se reprocher
deux fois de parler « à tors et à travers ». C'est la
volubilité qui, après le premier moment de stu-
peur, suit les grandes commotions. Atteint de
plein fouet, Kolbe tourne comme une toupie, frôle
tous les sujets de ses préoccupations habituelles,
rappelle que « la sainte pauvreté, caisse sans fond
de la divine Providence », fait le franciscain plus
riche que toutes les puissances financières,
demande tout de même un bilan de Niepokalanow, sonne une fois de plus du clairon pour la
conquête des âmes, avant d'en revenir à son frère :
« Je souhaite ardemment recevoir des détails...
Mais ils sont sûrement envoyés ? » A sa mère, il
n'écrit qu'une semaine plus tard, à moins qu'une
lettre ne se soit perdue, ce qui ne semble pas le
cas : « C'est ainsi. [...] L'Immaculée a pris Joseph
avec elle. [...] Gloire à elle pour tout. J'imagine ce
qu'ont dû être les funérailles le jour même de
l'Immaculée Conception. J'attends toujours les
détails, je n'ai encore reçu que le télégramme... »

125

Dans la correspondance qui suit, il reparle de son voyage transsibérien, qui ne lui a laissé de souvenirs que pratiques : chez les « bolcheviks » il faut voyager à quatre, les compartiments de leurs trains étant de quatre places. A trois, on s'expose à voir entrer, de jour ou de nuit, un quatrième voyageur qui peut incommoder les trois autres ; à deux, ou seul, c'est pire : durant son voyage vers la Pologne, des jeunes mariés se sont conduits en face de lui de telle façon, dit-il, qu'il a dû passer dans le couloir et y rester jusqu'à destination. Quand on est quatre, on peut fermer la porte, prier, méditer, mener durant les huit jours de la traversée (des steppes) la vie d'une petite communauté religieuse à roulettes, c'est l'idéal. Il donne au père provincial de Lwow des nouvelles des « païens » (ce sont les Japonais ; la Bible eût dit « les gentils ») qui accueillent aimablement son journal, dont ils ont parlé dans un article de quatre pages, avec grands éloges, en tout petits caractères ; il a même reçu de la « forteresse bouddhiste » de l'île Shikoku une lettre à l'en-tête majestueux lui demandant le service de la revue.

Le professeur japonais, protestant, qui traduit de l'italien les numéros du *Chevalier de Marie-sans-péché*, à force de traduire, se traduit lui-même en catholique. Un médecin, professeur à l'université de Nagasaki, vient voir Kolbe « pour avoir une conversation en allemand » ; la conversation tourne au catéchisme ; le médecin en est bien aise, il regrettait depuis longtemps d'être mal informé du catholicisme. Deux petits « païens », qui avaient prêté leur aide aux frères de l'imprimerie, s'instruisent dans la doctrine chrétienne et demandent le baptême : la prière seule, dit Kolbe, a suffi.

Et il reparle de son frère Joseph : « Il pourra faire plus et mieux que sur la terre pour répandre la dévotion à l'Immaculée. » Gloire à elle. C'est la foi.

Mystique, donc hypersensible, il passe par de durs moments. Sur le ton qui est le sien, il reprend la lamentation de saint Paul : « Je ne fais pas le bien que j'aime, et je fais le mal que je hais. » Il ne fait aucun mal, mais à ses yeux le bien qu'il fait n'est pas pur, et il se reproche amèrement de s'attribuer, par orgueil, ce qui ne peut être que l'œuvre de l'Immaculée. Il faut dire que l'orgueil commence, chez les mystiques, sitôt qu'ils perdent la claire conscience de leur néant, et que s'interrompt en eux le chant de Catherine de Sienne : « Tu es la sagesse, je suis la folie ; Tu es la beauté, je ne suis qu'une sordide créature ; Tu es la vie, je suis la mort ; Tu es Celui qui est, je suis celle qui n'est pas. » De même que la pauvreté, on vient de le voir, « est la caisse sans fond de la

127

divine Providence », de même le néant des mystiques est leur inépuisable richesse, le royaume sans limites de la générosité de Dieu, où pour eux comme pour le curé de campagne de Bernanos, tout est grâce : l'orgueil est de l'oublier, ne fût-ce qu'un instant. Mais la faiblesse humaine vient parfois au secours de l'humilité : « Combien de fois, s'écrie Kolbe dans une lettre à son provincial, m'a-t-il semblé que je n'avais plus ni foi ni espérance, et d'amour non plus ! [...] Alors je n'éprouve qu'aversion devant les soucis, les difficultés, la souffrance, et j'aspire à une tranquillité paresseuse et oisive », qu'il ne connaîtra, bien entendu, jamais.

Les nuages de la dépression brouillent quelquefois son ciel. Il lui arrive de pleurer, lorsque ses intentions sont par trop mal comprises, ou que son œuvre est menacée, comme ce fut le cas au dernier chapitre général de l'ordre. L'Avocat du diable juge ces larmes incompatibles avec l'exercice radieux des vertus héroïques. « Ainsi », dit-il après avoir noté que l'on avait vu Kolbe « triste et anxieux » à diverses reprises, notamment lorsqu'il fut question de mettre un terme à sa mission, « quand ses supérieurs ne partagent pas ses vues, le serviteur de Dieu s'effondre, preuve de fragilité dans la pratique des vertus de force et d'espérance ». Preuve, aussi, que les saints se font avec des hommes.

Mystique, donc réaliste, il est très attentif aux détails de la vie. Lorsque des pères (ce sont les religieux qui disent la messe) et des frères (ce sont ceux qui ne la disent pas) s'apprêtent à quitter la Pologne pour le rejoindre à Nagasaki, il rédige à leur intention un petit manuel du voyageur transsibérien, leur expliquant comment il convient de se munir « d'une grande théière pour l'eau chaude (*kipiatok*) que l'on peut se procurer gratuitement dans presque toutes les gares, où l'on trouve, à l'extérieur, un petit tuyau avec un robinet sous l'écriteau (en caractères russes) : *kipiatok*; d'une petite théière pour préparer le thé avec un paquet de thé pour neuf jours, ouvert pour n'avoir pas à payer la douane ; de sucre, de tasses et de cuillers, afin d'éviter le wagon-restaurant où il faut payer grassement pour se réchauffer l'estomac ». En Mandchourie, le contrôleur se charge du *kipiatok* : on le paie pour cela au terminus. Au Japon, plus d'eau chaude, il faut demander du lait aux jeunes garçons qui crient « *giuniu* » (lait) sur le quai. Sur le bateau de l'archipel japonais, on retrouve de l'eau. « Il est bon de prendre place sur le pont et d'y occuper un banc car à l'intérieur, en troisième classe, on ne peut résister (à la chaleur). » Emporter une couverture, pour coucher dessus, ce qui évite une coûteuse location de literie, et un manteau pour se couvrir la nuit, « selon la coutume des missionnaires ». Au départ de Varsovie, lais-

129

ser l'habit religieux pour des vêtements civils, et sur le parcours transsibérien, éviter de se faire reconnaître, mais « devant toute autorité, se dire ouvertement " missionnaires en route pour le Japon ". [...] En cas de difficultés, le mot de passe est " transit ", qui désarme la douane, laquelle appose alors ses cachets sur les bagages, y compris sur les éventuels paquets d'ornements sacerdotaux ; on n'ouvrira donc ni les uns ni les autres durant la traversée du territoire soviétique ; cependant, l'on peut, sans inconvénient puisque l'on s'est déclaré " missionnaire ", tenir dans une mallette non scellée une soutane, un chapelet, un crucifix et un livre de prières ».

Tout cela est accompagné de plans et croquis d'une gare, d'un compartiment avec ses sièges qui se soulèvent comme le couvercle d'un coffre à bagages, de la petite pièce de fer qu'il est indiqué de retirer de la porte, la nuit, pour n'être pas dérangé. Kolbe pousse la minutie jusqu'à recommander à ses frères de se lever le matin avant tous les autres voyageurs, pour ne pas avoir à trépigner devant les toilettes. Les mystiques ont les pieds sur la terre.

Il est à noter qu'en ce temps-là, vers 1930, la Russie n'était pas encore au secret, le rideau de fer n'était pas tombé sur son interminable frontière. On pouvait y entrer, et en ressortir sans trop d'aléas. Il est peu probable que le mot de « transit », aujourd'hui, ait le même effet magique sur les douaniers, et qu'il suffise de leur présenter une valise à sceller pour qu'ils renoncent à regarder dedans.

A Nagasaki, les pères, les frères et les séminaristes du couvent-imprimerie seront bientôt soixante-dix-huit, et avec un tirage de soixante-cinq mille exemplaires, le journal de Marie-sans péché sera le premier journal catholique d'un pays qui ne l'est pas. Pendant ce temps, les frères de Niepokalanow ont construit ce qu'ils appellent avec quelque emphase des « gratte-ciel », le plus récent étant destiné à abriter l'énorme rotative qui tirera un jour *le Chevalier* à un million d'exemplaires, avec dix autres publications. Prêtres et ouvriers, sinon prêtres-ouvriers, ils se feront photographier sur les paliers de leur monstre industriel, la burette d'huile à la main, pareils à des oiseaux perchés sur une charpente de fer ; publiées, ces images insolites provoqueront un léger regain de malaise dans l'ordre, où certains ne s'habituent pas aux techniques modernes de communication, et se méfient des oiseaux qui prêchent. Le contenu du *Chevalier* est toujours le même : des méditations (mariales), des nouvelles des « milices » locales, des chroniques moins attentives à l'événement qu'aux fêtes du calendrier liturgique, des témoignages de reconnaissance à Marie, insérés dans un illustré de petit format où l'on parle, non pas du monde au monde, mais du ciel, du salut, de la souffrance et de l'espérance, enfin de tout ce dont la presse ne parle plus, si elle en a jamais parlé, ce qui le rend original à force d'être conventionnel. Son audience croissante lui vient justement de ce qu'il ne cherche pas à l'étendre par l'insolite, le scandale ou la sensation, mais par une connivence constante avec ce qui forme le fond peu sollicité de la nature humaine, le besoin de croire, d'aimer et d'espérer.

Du Japon, Kolbe continue à diriger Niepokalanow. Il écrit de longues lettres à ses frères, parlant machines, terrains ou argent, pour leur rappeler le principe fondamental de sa comptabilité (« ce que veut l'Immaculée, il est de pure logique qu'elle en couvre la dépense »), ou pour leur décrire les bienfaits de l'obéissance surnaturelle et les félicités du détachement : « Les âmes qui aiment vraiment Dieu ne peuvent vivre sans renoncer continuellement à elles-mêmes, à leurs désirs, à leur intelligence, à leur volonté, pour s'embraser toujours davantage du feu de cet amour vrai qui ne recherche pas les douces sensations, mais qui veut, d'une volonté toujours prête, partout et en toute chose, accomplir seulement, uniquement et exclusivement la volonté de Dieu, qui se découvre à l'œil de la foi, et qu'elles

aiment plus que leur propre vie. » Et de nouveau :
« Qui manque de vigilance, qui néglige de se
combattre soi-même jusque dans les choses de
peu d'importance par une prière incessante perd
peu à peu la splendeur des lumières de la foi, qui
dans l'obéissance aveugle dévoile la volonté de
Dieu [...], et il ne verra plus dans les supérieurs
que ce que les païens eux-mêmes peuvent y voir,
des hommes plus ou moins sages ou plus ou moins
avisés. » Il revient sans cesse sur ce thème. Crai-
gnant de n'avoir pas convaincu, il termine l'une
de ses exhortations par une onomatopée effrayée :
« Si quelqu'un venait à croire (mais je préfère ne
pas y penser) que mes observations sur la sainte
obéissance sont exagérées [...], mais mieux vaut
ne pas supposer une chose pareille. Brrr. »

Tous ces hymnes à la soumission n'empêche-
ront pas l'accusateur public de reprocher à Kolbe
son caractère « indépendant », et il est vrai que le
renoncement poussé à ce degré procure une sorte
d'autonomie qui peut paraître contraire au règlement — sans compter que beaucoup de supérieurs, plus inquiets que flattés d'être considérés
comme les seuls interprètes qualifiés de l'Eternel,
peuvent être tentés de se taire, et de laisser faire
l'adepte de la « sainte obéissance », qui ne trouve
personne à qui obéir. Et c'est au détour de l'une de
ces longues lettres que revient pour la deuxième
fois, comme un trait de violoncelle isolé dans une
partition soudain muette, la phrase, la petite

phrase révélatrice que nous avons déjà entendue une fois : la consécration à Marie doit exclure toute réserve, « en un mot, pas de limite, quand il devrait arriver que pour l'amour de l'Immaculée l'on meure de faim et de misère dans un fossé ».

Et il est resté le jeune homme pudique de ses années de séminaire, du temps qu'il avait si peur des Romaines : « Ah ! autre chose : sur les deux médailles jointes et qui viennent, je crois, de Pologne, on voit, de manière exagérée, une jambe à travers la robe. C'est un opprobre ! Je pense qu'il y a lieu de protester, afin que de telles médailles ne soient plus fabriquées. »

Tout le monde ne le suit pas avec le même enthousiasme, et il a quelque sujet de se plaindre de son plus proche collaborateur, le père Méthode, pourtant « homme de bien, et pieux », mais qui a peine à s'élever au-dessus de la routine conventuelle. A vrai dire, le père Méthode n'essaie même pas de mettre dans sa vie ce grain d'héroïsme qui fait le pain quotidien de ses frères. Il soigne sa belle grande barbe, et s'est fait apporter dans sa cellule l'un des fauteuils d'osier réservés aux hôtes. Il siège là, calé par un coussin, tandis que les autres religieux « n'ont pour s'asseoir que de méchants escabeaux de bois ». Ce sybaritisme tout relatif ébahit Kolbe plus encore qu'il ne l'indigne. On ne va pas au ciel dans un fauteuil ;

134

toutefois, ni la règle ni les constitutions ne l'interdisent, et l'on sent Kolbe désarmé devant la placidité de ce religieux peu disposé à s'emballer derrière un homme qui signe certaines de ses lettres « le demi-fou de Marie ». Il a du reste entendu dire que le franciscanisme se vivait dans toute sa rigueur chez les capucins ou chez les frères mineurs, les deux autres branches de l'ordre, et non chez les conventuels parmi lesquels, précisément, il se trouve. Ils finiront par se séparer.

17.

L'INDE

L'entreprise Kolbe se porte bien, en tout cas mieux que son fondateur. Les médecins japonais sont horrifiés par ses radios pulmonaires. Il a de fréquents accès de fièvre, accompagnés de tremblements qui ébranlent toute sa personne, et souvent, le soir, il entend venir de loin la sourde galopade de la migraine. Dans un témoignage en japonais, traduit en latin — l'une des trois langues officielles des canonisations, les deux autres étant l'italien et le français —, le premier médecin qui l'ait examiné à Nagasaki le décrit comme un être d'une grande sensibilité, prompt à réagir, à la nervosité vive, mais contrôlée. Quand on lui conseille d'entrer au sanatorium, il refuse : il sait, dit-il, qu'il ne guérira pas, et il préfère employer le temps qui lui reste à travailler. Pourtant, il écrit à des frères de Niepokalanow : « J'ai peur de souffrir. [...] Mais Jésus lui-même, à Gethsémani, avait peur aussi, et cette pensée est une grâce. »

La nuit, parfois, il étouffe, son cœur bat de plus en plus faiblement, il a le sentiment qu'il va finir ainsi sur sa paillasse, en tenant la main d'un frère, loin de sa Pologne. Et lorsque le soleil d'un autre jour se lève et le ranime, il dit simplement : « Marie ne m'a pas encore rappelé. » L'esprit de conquête ne le quitte pas pour autant : tout est bon pour enflammer les cœurs, « la parole imprimée ou transmise à travers les ondes de la radio, par la " télévision radiophonique " (nous sommes en 1931, et la télévision n'est encore qu'un bébé dans son pyjama à rayures scintillantes), par le cinéma, etc. », car « il doit surgir un Niepokalanow dans toutes les nations du monde, qui permette à Marie d'agir par tous les moyens, y compris les plus modernes, toute invention technique devant être, par priorité, à son service ». Et comme la maladie, tout de même, lui laisse des répits d'un mois ou deux, sans fièvre ni tremblements, il en profite pour mettre son programme à exécution. Il part.

« C'est un samedi de mai. " Kyuko ", un train direct, m'emmène vers la ville de Kobe, où j'arriverai demain. Le but ? Me procurer un visa et un billet pour... l'Inde. Et pourquoi vais-je là-bas ? [...] Il serait possible d'y fonder un autre Niepokalanow. [...] Quelle sérénité procure le saint nom de " Marie " ! Répétons-le sans cesse du fond de l'âme, qu'il devienne la respiration de notre cœur. » Il y aura, s'il réussit, trois Niepokalanow, l'un en Pologne, le deuxième au Japon, le troisième en Inde. Sans oublier le quatrième, qui est au paradis, dit-il, avec les frères défunts.

Voguant vers Hong Kong, il écrit beaucoup, datant quelques lettres avec poésie, « en mer, le tant », « en vue des montagnes de plomb de la Chine, sur les vagues de l'océan ». Comme toujours, il attire : « Je ne parviens pas à suivre mes pensées, parce qu'un bon petit païen, qui s'est attaché à moi depuis le début du voyage, s'est assis près de moi en attendant que j'aie fini d'écrire. » Il y a, chez Kolbe, cette constante combinaison de projets planétaires et d'extrême attention au prochain, surtout s'il est humble, surtout s'il est petit. Le jeune païen affectueux est une âme à baptiser. Ce n'est pas l'eau salée qui manque. Pour Kolbe, l'océan n'est probablement qu'un vaste bénitier.

A l'escale de Hong Kong, c'est la sécheresse. Les habitants font la queue aux fontaines, qui débitent leur eau parcimonieusement, à certaines heures imprévisibles. Kolbe, qui a soif aussi, va, la poitrine en feu, dire la messe en ville et prier pour la pluie, qui tombe enfin. Un Polonais qui passait par là lui donne des bonbons, qu'il donne à des enfants. Le soir, il monte sur une barque chinoise pour regagner son navire brûlant, où la pluie s'est changée en vapeur. Les multitudes de la Chine l'ont impressionné. « Priez, dit-il, pour que je ne devienne pas païen parmi tant de païens. » Le risque n'est pas grand.

Entre Hong Kong et Singapour, toute l'occupation des passagers — des familles d'émigrants, pour la plupart — consiste à chercher des courants d'air. Les enfants, tapageurs et espiègles, emplissent l'entrepont de leur vacarme, et quand enfin ils tombent de sommeil, c'est par terre, les uns contre les autres, et lorsque Kolbe, comme d'habitude levé avant tout le monde, doit traverser ce local obscur pour aller dire sa messe quotidienne dans un salon, il lui faut marcher avec précaution pour ne pas poser le pied sur une main ou un visage. Au lever du jour, il aperçoit des couleuvres de mer dont la couleur l'émerveille, et un essor de poissons-volants qui laissent derrière eux, sur le pont du navire, une longue traîne de petits œufs blancs. Il rêve à la Niepokalanow de Pologne, à celle du Japon, et il voudrait bien « déchirer le voile du futur » pour voir ce que sera celle de l'Inde, passant de l'espérance au doute et de la crainte à la confiance, avant de résoudre finalement toutes ces contradictions dans la foi. Ce n'est pas, comme je l'ai lu, un homme à la « volonté de fer » et aux « nerfs d'acier ». Cette métallurgie n'entre pas dans sa composition. Il est émotif, spontané, sujet à

139

l'angoisse. Il envoie aux deux Niepokalanow de Pologne et du Japon deux lettres qui semblent écrites avec du papier carbone, tant elles sont identiques jusque dans le détail des termes. Elles tournent autour de cette cruelle pensée : « Et si Niepokalanow venait à s'effondrer ? » C'est pour en venir à son raisonnement habituel, imparable comme un fatalisme, mais un fatalisme passionné, qui ne culmine pas dans l'indifférence. Si notre œuvre s'écroule, dit-il, c'est que Marie aura décidé d'y mettre fin, et tous nos efforts seront inutiles ; si elle veut au contraire que nous poursuivions notre tâche, alors n'ayons peur de rien, ni des obstacles, ni des entraves, « ni de nos propres imperfections ». Son plan réussira.

A Singapour, il s'accorde, pour une fois, une heure de tourisme et de décontraction amusée : « Il paraît qu'il y a encore des tigres par ici, non pas en ville toutefois. Hier, mes bons hôtes m'ont fait faire une promenade aux environs ; cependant nous n'avons aperçu aucune de ces braves bêtes entre les palmiers, sur les arbres à caoutchouc, ou dans les profondeurs de la végétation, ici toujours verdoyante. Seuls, au jardin zoologique, des petits singes nous ont salué au passage. »
Il constate une fois de plus que certains missionnaires en place tiennent effectivement à leur place au point de voir arriver sans plaisir les

impossible à éviter

renforts qui pourraient les obliger à la partager. Il les soupçonne de passer plus de temps à chercher les dollars dont ils ont besoin que les âmes qui ont besoin d'eux, et il lève l'ancre.

Le voilà de nouveau en mer, et ses pensées flottent. Au large de Malacca, « dont on voit à l'horizon tantôt les sombres montagnes, tantôt les bandes de terre au ras des flots », il écrit à son provincial, et se demande pourquoi : « A quoi bon ce bavardage dépourvu de sens et de conclusion ? [...] Je ne sais ce qui m'attend, ni comment se fera ce qui doit se faire, et parfois j'aimerais bien deviner. » Mais le provincial lui a recommandé de « griffonner sans crainte » ; il griffonne en attendant de débarquer à Ernakulam, sur la côte occidentale de l'Inde. Il y reste cinq jours, et le sixième, il envoie à ses frères de Pologne le télégramme suivant : « Informez le père provincial : Amalam, la Niepokalanow indienne, est fondée. Gloire à l'Immaculée. Maximilien. »

Comment a-t-il pu, en moins d'une semaine, créer, ou en tout cas obtenir les moyens de créer une maison religieuse à des milliers de kilomètres de ses bases, dans un pays qu'il ne connaît pas ? Il le raconte, sur le chemin du retour, dans une

longue lettre au provincial qui apprécie ses grif-
fonnages.

Sur le bateau, juste avant de débarquer en Inde,
il a fait la connaissance d'un jeune prêtre de rite
catholique syrien qui, à l'arrivée, l'emmène chez
son archevêque. Celui-ci offre à Kolbe une géné-
reuse hospitalité, mais ne l'encourage pas dans
ses projets ; un groupe de prêtres séculiers a déjà
son imprimerie, et publie des revues. Kolbe passe
sa première journée à étudier leurs méthodes, et
le champ de bataille. Il apprend que l'archevêque
latin n'est pas un autochtone, ce qui lui donne de
l'espoir, mais qu'il est espagnol, ce qui lui en
retire un peu, et carme, ce qui lui ôte le reste : un
archevêque d'origine étrangère devrait mieux
comprendre un étranger ; il n'est pas sûr qu'un
carme espagnol comprenne un franciscain polonais formé à Rome.

Le lendemain, les collaborateurs de l'archevêque, consultés par Kolbe sur les chances qu'il peut
avoir de convaincre monseigneur, lui disent, éva-
sifs, qu'il peut toujours essayer. L'après-midi, la
voiture de l'évêché (syrien) le conduit au bord
d'un large fleuve, que l'on traverse avec un bac.
L'archevêque (latin) doit passer par là. Il arrive en
effet, accueille Kolbe avec aménité, et durant le
trajet, jusqu'au débarcadère, il lui raconte par le
menu l'histoire de son diocèse depuis trois siècles,
et l'on se quitte sur une invitation à déjeuner.
Apparemment, Kolbe n'a pas pu placer un mot. A

ce moment, il est, selon la traduction italienne, dans le *buio pesto*, « la nuit noire », en français courant « dans le cirage ».

Le jour suivant, alors qu'il attend dans le corridor de l'archevêché (syrien) qu'on l'emmène à l'archevêché (latin), il aperçoit sur une console une statue de sainte Thérèse de l'Enfant-Jésus, ornée de fleurs « semblables à des roses ». Il lui confie ses intérêts, en vertu du pacte autrefois conclu avec elle, et qui stipulait qu'elle s'intéresserait à sa mission, en retour d'une prière quotidienne pour sa canonisation : « Nous verrons, lui dit-il du fond de son *buio*, si tu te souviens. » A cet instant précis, raconte-t-il, « une fleur est tombée sur la console. J'avoue que cela me fit une certaine impression, et j'ai pensé : Nous saurons bientôt si cela a une signification ».

Cela devait en avoir une, car l'archevêque latin carme espagnol qui, la veille, n'avait tant parlé d'histoire que pour éviter les histoires avec un missionnaire inattendu et remuant change complètement d'attitude. Il offre à Kolbe un terrain, une maison, une chapelle, et comme son interlocuteur stupéfait s'inquiète des conditions, monseigneur lui répond : « C'est un don. » Il faut savoir prier.

18.

FIN DE MISSION

Thérèse de Lisieux, morte à vingt ans en 1897, est sans doute la sainte la plus populaire du monde. Contrairement à ce que pourrait suggérer la multitude de ses effigies en sucre, cette petite fille était un très grand génie mystique, et ses écrits ont l'altitude qui fait toute la différence entre le style et le talent. Kolbe s'était, on l'a vu, attaché à elle dès son plus jeune âge, bien avant qu'elle fût décrétée « patronne des missions ». Ces deux esprits devaient se rencontrer : ils avaient en commun le désir ardent de convertir la terre, non pas en essayant d'imposer une doctrine aux hommes, mais en cherchant à les gagner à l'amour par l'amour. Car Kolbe n'était pas le fanatique obtus qui entend plier les autres à ses vues. Il croyait — et il l'a écrit — qu'il y avait en toute pensée étrangère au catholicisme une part de vérité qu'il fallait à tout prix découvrir, pour fonder le dialogue dessus ; cette part de vérité, il

la cherchait jusque dans le marxisme, pourtant
à l'exact opposé de son credo. La jeune carmé-
lite de Lisieux souhaitait elle aussi de tout
son cœur que le monde vînt ou revînt au Christ,
et elle tentait d'obtenir, par le sacrifice de
sa personne dans la crucifixion lente de la vie
contemplative, ce que Kolbe s'efforçait de
conquérir par le déploiement de son imagination
créatrice, qui le portait sans cesse, dans l'espace
et dans le temps, loin en avant de son pauvre
corps incendié.

Sur le bateau qui le ramenait au Japon, il se
remémorait les signes que lui avait prodigués la
petite sœur de l'Enfant-Jésus, l'église à elle
dédiée, et de plus desservie par un de ses parents
éloignés, où il avait été conduit la veille de son
départ de Kobe ; les images et les statues de la
sainte auxquelles il s'était « heurté », c'est son
mot, un peu partout durant son voyage ; l'épisode
de la rose, et le revirement subit de l'archevêque
d'Ernakulam, carme comme elle. Tout cela lui
semblait d'excellent augure pour la future Niepokalanow indienne. Hélas ! des contretemps, des
événements imprévus, la maladie aussi l'empê-
cheront de retourner en Inde, et la rose ou « la
fleur semblable à une rose » tombée du bouquet
de sainte Thérèse se fanera sur la console de
l'archevêché, jusqu'à ce qu'un jour, mais quand ?

145

d'autres franciscains viennent la ranimer. Cela se fera sans doute ; plusieurs projets de Kolbe, par exemple la fondation américaine et celle d'Angleterre, ont été réalisées plus ou moins longtemps après sa mort.

Cependant, le climat du Japon ne lui convient pas. Tout le monde s'en aperçoit, sauf lui. « Je viens d'apprendre, écrit-il au père provincial de Lwow, que le père Costanzo vous avait signalé que ma santé était mauvaise. Eh bien, je peux vous assurer que je me sens encore mieux que lorsque je suis parti pour l'Inde. A vrai dire, après le retour, comme je n'avais pu dormir que sur une chaise longue, sur le pont du navire, je me suis accordé quelques bonnes nuits de sommeil, et de temps en temps, une petite collation dans la matinée. Un pied gonflé m'a fait boiter un certain temps, mais il a guéri sans le concours du médecin. Je travaille normalement, sur une table du réfectoire. Qu'attendre de plus ? [...] Ces alarmes sur ma santé ne sont que l'effet de la neurasthénie du bon père Costanzo », qui ne comprend rien à l'idéal de Niepokalanow, qui s'imagine « que la cause de l'Immaculée Conception est entendue depuis la proclamation du dogme, et qu'il suffit désormais de l'honorer par une célébration de première classe et quelques cantiques ». Comme tous les soldats de première ligne, Kolbe supporte mal la mentalité de l'arrière qui provoque un réflexe assez rare chez lui : l'ironie.

Si « le bon père Costanzo » se tient résolument en deçà de l'idéal de Niepokalanow, les autres croient parfois l'atteindre par un raccourci : « Ces jours-ci, écrit Kolbe, sont venues à notre connaissance les difficultés que traversent les écoles catholiques, qui ne prennent pas part aux rites païens (les Japonais de ce temps-là rendaient en effet à leur empereur un culte quasi divin auquel il était impossible aux catholiques de s'associer), et le bruit d'une éventuelle persécution a commencé à se répandre. Quand les frères l'ont su, leur enthousiasme a été tel que j'ai dû les calmer, en disant : " Ne vous réjouissez pas trop tôt ! " Ils se voyaient déjà martyrs. » Le pire n'est pas toujours sûr. Finalement les Japonais, pour reconnaître officiellement le catholicisme (en 1941), se contenteront d'une simple attestation de respect envers la personne et la fonction impériales. Quand l'occasion du témoignage suprême vous échappe, il reste le témoignage quotidien, qui n'est pas si facile à rendre. On croit marcher d'un bon pas vers « l'idéal de Niepokalanow », le pied enflé avançant encore plus vite que l'autre, et l'on s'aperçoit tout à coup que l'on n'est pas aussi détaché de soi qu'on aimerait l'être :

« Très chers fils. [...] Ecrivant une lettre en

japonais, je me suis laissé aller à un mouvement de vanité, parce que j'étais capable de m'exprimer dans cette langue. Mais j'ai aussitôt senti que mon lien avec l'Immaculée se relâchait et, m'étant assis devant sa statuette, il m'a semblé qu'elle me regardait avec reproche, et presque avec colère ! »

« Mes enfants très aimés, ne donnez jamais prise à un tel sentiment. Quand vous vous sentez coupables, fût-ce d'un péché grave, pleinement conscient et répété, ne vous laissez pas aller au découragement, confiez-vous à Marie, dites-lui votre faute, sans l'examiner, sans l'analyser. [...] »

« Toute faute, même grave et répétée, ne doit rien être d'autre pour nous qu'une marche vers une perfection plus élevée. L'Immaculée ne nous permet en effet de tomber que pour nous guérir de l'amour-propre, de l'orgueil, et pour nous pousser à l'humilité qui rend plus docile à la grâce divine. En de telles circonstances le diable, au contraire, cherche à insinuer en nous le manque de confiance et l'abattement qui ne sont rien d'autre qu'un nouvel indice d'orgueil. Si nous connaissions bien notre misère, nous ne nous étonnerions pas de nos chutes, mais plutôt de n'être pas tombés plus bas et plus souvent encore — ce dont nous remercierions Dieu. Sans la grâce divine et la miséricordieuse assistance de Marie, il n'y a pas de péché que nous ne soyons capables de commettre. »

« Cela dit, nous ne pouvons souhaiter ressentir

continuellement la douceur de la dévotion à Marie ; ce serait de la gloutonnerie spirituelle. »

Il a l'œil à tout, la plume aussi. Il tempère le zèle des aspirants au martyre, d'une phrase dont on a remarqué la tournure, dissuasive au premier degré, prometteuse au deuxième (« Ne vous réjouissez pas trop tôt ! »), et il bride la propension à l'emphase des rédacteurs du *Chevalier* : « Dans vos remerciements, n'employez pas à tout bout de champ les mots " miracle " ou " miraculeux " : les faits parlent assez par eux-mêmes. » A un jeune religieux qui croit sans doute imiter le « demi-fou de l'Immaculée » en signant « le chien de Marie », il conseille de chercher une autre métaphore. Il n'a rien du fanatique, car c'est le refus des autres et de leur différence qui fait le fanatique, et c'est précisément cette différence qui l'intéresse. Il n'a rien de l'exalté, car comme tous les vrais mystiques il se défie de ces moments de sublimation déréglée où l'on prend facilement ses absences pour une présence, et ses délires pour des extases. Il se sait imparfait, et ses lettres ressemblent assez souvent à des confessions où il s'accuse d'ailleurs avec modération, sans tomber dans le travers de ce saint du temps jadis qui se frappait la poitrine en s'accusant si bruyamment d'être « le plus grand pécheur du monde » que son ange gardien, avec une tape amicale sur l'épaule,

149

avait dû le rappeler à la modestie. Mais il aime, et cet amour lui inspire parfois des lignes où il oublie qu'il n'est pas éloquent : « Mes chers enfants, je vous souhaite d'être nourris du lait des grâces et des tendresses de Marie, d'être élevés par elle comme elle a élevé Jésus, notre frère aîné, afin qu'Il reconnaisse de plus en plus en nous les traits du visage que sa mère Lui a donnés. »

En 1933, il passera de nouveau quelques semaines en Pologne, où se tient le chapitre général. Cette réunion solennelle tient fort peu de place dans sa correspondance. En revanche, il se montre prolixe sur une conversion inattendue, celle d'un ministre plénipotentiaire japonais en poste à Varsovie : on dirait que Kolbe n'a quitté le Japon que pour aller baptiser, à l'article de la mort, ce fils du Soleil Levant, dont l'épouse est déjà catholique :

« Le jour fixé, une automobile, avec à bord la femme du ministre, sa mère et moi, nous a conduits très rapidement à Otwock (où l'on soignait les maladies pulmonaires). Chemin faisant, j'ai appris que le ministre était païen, mais qu'il avait pourtant accepté que ses enfants fussent baptisés, qu'il entretenait de bons rapports avec les pères jésuites et qu'il était bien disposé envers la religion.

« C'est ainsi que je lui ai fait visite et que nous

avons eu une petite conversation sur le thème religieux. Il a compris aisément que la vérité est unique et que, par conséquent, la vraie religion ne peut que l'être aussi. Il a admis l'existence d'un seul Dieu, mais quand nous en sommes venus au mystère de la Sainte-Trinité, alors il a observé que les Chinois avaient eux aussi une croyance semblable. J'ai reconnu bien volontiers que beaucoup de vérités, plus ou moins déformées et obscurcies, pouvaient se trouver dans les religions les plus disparates du monde.

« Sa femme lui a remis une des médailles de l'Immaculée que je lui avais données auparavant pour toute sa famille. Il l'a acceptée, et il l'a déposée sur sa table de nuit.

« Il m'a montré ensuite un livre en français, intitulé *Jésus-Christ*, me disant que ce livre ne l'avait pas convaincu, non plus qu'un bref séjour à Lourdes.

« La maladie progressait visiblement et le menait désormais à la tombe : le visage émacié, les mains diaphanes l'indiquaient clairement.

« Durant le voyage de retour, nous fixâmes à l'Assomption le baptême d'une servante, qui désirait être baptisée, mais qu'il fallait commencer par instruire.

« Cependant, nous dûmes renvoyer la cérémonie. La veille de l'Assomption, en effet, l'état de santé du ministre s'aggrava tellement que l'on se rendit en toute hâte à son chevet. Nous sommes partis de la légation avec le chargé d'affaires, le médecin japonais Misawa, venu de Berlin, et le docteur Rudzki de Varsovie. J'ai demandé au docteur Rudzki de me dire franchement, après la visite, où en était le malade, car il s'agissait de son baptême.

« A Otwock, la réponse du docteur Rudzki fut la suivante : " Ce que vous devez faire, père, faites-le tout de suite : le malade mourra aujourd'hui même. "

« Entre-temps, le nonce apostolique avait été informé. Quelque chose l'ayant poussé à revenir de vacances avant l'Assomption, et non après comme il en avait eu l'intention, j'avais pu le joindre au téléphone, et il avait promis de venir le plus tôt possible. Nous avons décidé de l'attendre. Dès qu'il parut dans le couloir, je le mis au courant de la situation, et il se rendit auprès du malade. Il lui rappela sa vieille amitié et lui présenta les vérités fondamentales de la foi. Durant ce temps, de l'autre côté de la porte, la femme du ministre, sa sœur, deux prêtres secrétaires du nonce et moi-même priions pour le malade, chacun pour son propre compte, en silence.

« Et la grâce de la foi descendit sur le noble cœur du ministre. Après quelques éclaircissements, il répondit à une demande explicite du nonce :

« " Je crois, je crois.

« — Et vous voulez être baptisé ?

« — Je le veux. "

« Le nonce lui versa l'eau sur la tête en disant : " Francesco, je te baptise au nom du Père, du Fils et du Saint-Esprit. "

« Après le baptême, comme pourront l'attester ceux qui l'entouraient, une grande joie entra dans le cœur du ministre. Quelques heures plus tard son âme, pure comme un ange, était accueillie par l'Immaculée dans le paradis, la veille de son Assomption. »

Dans la maison du ministre, ceux des siens et de ses serviteurs qui n'étaient pas encore baptisés le seront trois semaines plus tard. J'ai cité cette lettre presque en entier pour la simple raison qu'elle est beaucoup plus longue que les autres, et qu'elle montre à quel point Kolbe était attentif aux personnes, infiniment plus importantes à ses yeux que les événements. On dira peut-être qu'il s'agissait en l'occurrence d'un « ministre plénipotentiaire », personnage assez considérable pour déplacer un nonce apostolique, deux médecins et trois prêtres ; mais ce n'était pas le diplomate qui intéressait tant Maximilien Kolbe, c'était le Japonais.

De retour à Nagasaki, il écrit gentiment à sa mère : « Le voyage s'est bien passé. Nous ne nous sommes pas noyés, contrairement à ce que les frères de Niepokalanow avaient craint en apprenant le naufrage d'un bateau japonais. » La maman est rassurée, mais Kolbe ne l'est pas tellement à son sujet. On ne sait trop quelle sorte de souhait elle a formulé à l'occasion d'un échange de vœux pour que son fils juge nécessaire de lui dire : « Il n'est pas si facile de mourir vraiment. » Malgré son indéniable vocation religieuse, peut-être supportait-elle assez mal, après la mort de Joseph, l'éloignement de Maximilien et la disparition de l'aîné, François, dont on n'avait pas de nouvelles ; peut-être avait-elle exprimé en des termes inquiétants sa lassitude d'être si souvent et si cruellement séparée de ceux qu'elle aimait. Kolbe espère lui rendre un peu de courage en ajoutant, après sa réflexion sur la difficulté de mourir : « Il y aura un nouveau chapitre général dans deux ans ; j'irai frapper encore une fois à la porte de la rue Smolensk », où se trouve le couvent de Maria Kolbe. Deux ans, voilà qui lui paraît un délai raisonnable entre deux visites d'ordre privé, qui n'intéressent pas directement la conversion de la planète.

Il ne s'est pas noyé, mais ce qui menace de le submerger, c'est le travail. Journaliste, il nage dans l'encre et noircit inlassablement du papier pour des publications qui sortent les unes des autres comme des poupées russes ; directeur spirituel, il instruit les novices, forme les séminaristes, conseille les frères, qui parfois ne savent rien, et les pères, qui ne savent pas tout ; fondateur, il définit la stratégie et la tactique de la mission, tout en surveillant du coin de l'œil les missionnaires des autres ordres établis au Japon, qui le regardent en concurrent plutôt qu'en allié, et l'évêque du lieu, dont il convient d'entretenir la bonne volonté par quelques démonstrations de politesse ; il exhorte, il encourage, veille de loin sur la Niepokalanow polonaise, rend compte à ses supérieurs avec d'autant plus de ponctualité qu'il prêche couramment toute une théologie de l'obéissance — et que certains d'entre eux ont déjà songé, on s'en souvient, à rappeler l'expédition. Et il prie, de cette prière en montant qui devient lumière, et qui tend de plus en plus chez lui à se condenser en un seul mot : « Marie », qui fleurit dans toutes ses lettres et qui résume sa pensée, Marie, « si proche de la Sainte-Trinité », « mystère profond » que seule « une cervelle présomptueuse, et stupide plus encore » pourrait avoir la prétention d'expliquer. Il y a des choses, dit-il, « qui ne s'apprennent qu'à genoux ». Ou encore : l'attachement à Marie « n'est pas une affaire d'intelligence ou de sentiment, mais de volonté ».

Il y a tout de même ce qu'on appelle des grâces, des révélations personnelles dont l'Avocat du diable se méfie tout autant que des apparitions. Il lui semble discerner chez le « serviteur de Dieu » (c'est Kolbe, c'est l'inculpé) une tendance à se laisser guider par les révélations privées, plutôt que de rester « solidement ancré dans les vérités enseignées par l'Eglise ». La parole est à l'accusation : « Ainsi, il avait été assuré de son salut éternel par une promesse supposée, reçue de la Très Sainte Vierge. » En effet, il affirme un jour solennellement devant ses confrères : « Je suis assuré de mon paradis, et cela de toute certitude. » Or, comme c'est seulement par révélation divine que nous pouvons savoir que nos péchés nous sont remis, il importe de savoir de quelle façon une telle promesse lui a été faite. Le dossier ne le dit pas clairement. Au contraire, les faits sont rapportés d'une manière qui contraint à penser que le père Kolbe a cru à un songe. En effet, le père Florians Kocura relate : « J'ai entendu raconter par les autres confrères que le serviteur de Dieu, durant son séjour au Japon, *et pendant sa grave maladie,* avait eu une apparition de la Vierge Marie, qui lui avait certifié qu'il serait sauvé. » L'Avocat du diable souligne les mots « et pendant sa grave maladie » : la fièvre peut mener au délire.

Sa santé est mauvaise, quoiqu'il affecte d'en rire : « Il paraît que certains me voient déjà un pied dans l'autre monde. Un pied, peut-être, mais pas la main droite, qui vous écrit, ni la main gauche, qui tient le papier. » L'ordre lui a imposé, sans qu'il fasse d'ailleurs la moindre difficulté, un supérieur chargé de le délivrer de quelques-unes de ses innombrables tâches, et d'adoucir le régime « un tant soit peu héroïque » de la fondation, où la cordelière franciscaine est des plus serrées. On prendra un temps de repos à midi, de récréation le soir et surtout, souvenir exquis, on mangera des pieds de porc à la polonaise qui ragaillardiront toute la troupe, Kolbe compris. Il en profitera pour adopter un souci de plus : le lancement d'un quotidien en Pologne, le *Maly Dziennik*, « le Petit Journal », qui prendra le même chemin vers le succès que les autres publications de ce qu'il faut bien appeler le groupe.

« Je sais bien, écrit Kolbe à son provincial, que vont se mettre à pleuvoir les objections d'un bon millier de théoriciens, mais dès lors que le tirage aura dépassé celui des autres quotidiens pour atteindre cent mille exemplaires, les objections perdront de leur force, si même elles ne cessent pas tout à fait ; en ce monde toute chose a son " mais ". [...] » De loin, à travers la Sibérie, il envoie des directives : il faut commencer par un journal petit format, modeste sous tous les rapports, pour un essai d'un mois seulement. Si l'expérience est concluante, on continuera. On abonnera le journal à quelques agences de presse, en attendant qu'il ait la sienne, et comme il y a des franciscains partout, il ne manquera pas de correspondants. Il donnera donc les dernières nouvelles, et puisqu'il s'agit de faire entrer Marie dans le plus grand nombre de foyers possible, le prix sera très bas, quelque chose comme l'équivalent du journal a deux sous d'avant-guerre. La distribution ? Des crieurs, qui dans les grandes villes pourront être des membres de la « milice » rétribués sur la vente ; il faut « que les garçons qui parcourront les villes en long et en large puissent vivre de leur travail et, peut-être, s'instruire en même temps ». Ce sera *le Chevalier*, plus les nouvelles du jour, et des commentaires moraux et spirituels. La rédaction ne coûtant rien, la distribution pas grand-chose et les machines étant amorties par *le Chevalier*, la dépense sera réduite à l'encre et au papier : on peut affronter la concurrence.

Le numéro zéro, sorte de maquette du futur quotidien, lui arrive de la Niepokalanow polonaise en décembre 1934, avec prière de faire part de ses critiques. Ce qu'il fait aussitôt.

Sur le prix de vente : il sera plus élevé que prévu, mettons cinq sous au lieu de deux. Va pour cinq sous, en prenant garde, toutefois, qu'il n'y a pas beaucoup de piécettes de cette valeur en circulation.

Sur le titre : il « tombe » bien (c'est une expression typographique).

Sur la mise en pages : elle se ressent d'une hâte

excessive. Il y a des lignes et parfois des colonnes en état de vagabondage.

Sur le papier d'ouverture, qui expose les intentions de l'équipe en termes grandioses sous le titre « Ce que nous voulons », qui nous rappelle le « Pourquoi nous combattons » de la propagande américaine pendant la Seconde Guerre mondiale : « Afin que notre quotidien puisse combattre dignement pour l'honneur catholique », écrit le futur rédacteur en chef, le père Marian, il doit avoir un contenu riche et varié, une présentation typographique splendide et artistique, en tout point digne de son sublime contenu. Les « prière d'insérer » ne se distinguent généralement pas par l'humilité. Kolbe ne partage pas le point de vue de M. le rédacteur en chef : « Je ne crois pas opportun de se préoccuper de transformer la présentation et le contenu pour les rendre " dignes d'un quotidien catholique " ; il convient plutôt de le laisser à sa modestie, et à un prix qui favorise une large diffusion populaire. » « Avec le temps, ajoute-t-il en pinçant doucement sans rire, nous pourrons atteindre les hauteurs où séjourne " la dignité des organes catholiques ". »

Sur le fond, et toujours par allusion à l'article de présentation : « Trop insister sur le fait que l'incroyance s'étend des personnes cultivées à celles qui n'ont pas de culture pourrait introduire l'idée que la science éloigne de la foi, ce qui ne correspond pas à la vérité. »

159

Sur les juifs, le rédacteur ayant, à ce qu'il paraît, manifesté une pointe d'antisémitisme : la question n'est pas d'écarter les juifs du commerce, « mais de contribuer à l'accroissement des entreprises polonaises ». Kolbe, par ailleurs, a déjà expliqué dix fois à ses compagnons que les juifs sont avant tout des âmes à gagner, comme les autres, par l'amour. Il semble que certains d'entre eux aient été plus ou moins influencés par une opinion publique qui reprochait couramment aux juifs d'être différents, après les avoir contraints à le rester, cercle vicieux des minorités en retard d'adoption. Kolbe ne fréquentait pas ce genre de cercle.

Pour le reste, il approuve. Surtout, bien sûr, la mention d'origine : « Editions de l'Immaculée. » C'est très beau, dit-il, et juste, puisque l'entreprise est sienne. Ou devrait l'être : il ne sera pas toujours d'accord, on le verra, avec l'esprit du *Petit Journal*, qui paraîtra du 27 mai 1935 au 4 septembre 1939, date initiale de la rapide suppression de la Pologne par l'opération convergente des armées hitlériennes et soviétiques. Le dernier numéro sera tiré à un million d'exemplaires.

Il ne s'intéresse pas seulement à ses journaux et à son apostolat, il s'inquiète de la santé de ses compagnons, du frère Alexis, qui passe par la crise de scrupules suraiguë qu'il a traversée lui-même à son âge, et que de ce fait il comprend mieux que personne ; du frère Yves, accablé de maux qui ne l'empêchent pas de sourire et de plaisanter, et dont il admire le courage. Mais tandis qu'il met ses malades en observation, le nouveau supérieur de Nagasaki l'observe, lui, et fait part de ses inquiétudes à la communauté de la Niepokalanow polonaise : « Le père Maximilien est malade, il tousse, parler le fatigue ; il vient de se rendre chez le médecin. J'ai peur pour lui. [...] L'Immaculée sait dans quelles difficultés nous tomberions avec l'école, le séminaire, *le Chevalier*. [...] Priez ! Que nous puissions au moins conduire les séminaristes jusqu'à l'ordination sacerdotale. [...] Depuis l'été dernier, le père Maximilien s'affaiblit de plus en plus. »

Du reste, et en dépit de l'indifférence avec laquelle il se traite, il sait à quoi s'en tenir : « Révérendissime père procureur général, écrit-il en mai 1935, voulez-vous me faire un plaisir ? Je me sens passablement usé, et je ne sais quand finira mon pèlerinage terrestre. [...] Mais avant de fermer les yeux, je serais heureux de voir — s'il plaît à Marie — l'acte officiel de consécration de la " milice " à l'Immaculée. [...] » C'est d'ailleurs l'ordre entier des franciscains qu'il souhaite voir consacré à Marie par une sorte de vœu supplémentaire. L'idée est bien reçue, mais elle devra passer par la hiérarchie, les théologiens et les juristes, ce qui fait beaucoup de complications pour une idée simple.

Dans une très longue lettre du 12 juillet 1935 à un père de Niepokalanow, il parle indirectement des maux dont il souffre, et qui s'inscrivent pour lui dans l'ordre logique du combat spirituel : « Pas de naissance sans douleur. Du reste, peut-il y avoir des sacrifices trop grands, quand il s'agit de Marie ? Nous nous sommes consacrés à elle non seulement en théorie, mais réellement, en pratique. Et si nous ne nous lassons pas de lutter pour lui conquérir le monde, les souffrances ne cesseront pas de s'abattre sur nous, et plus nous combattrons vaillamment, plus elles seront pesantes et nombreuses. Mais seulement jusqu'à la mort. Après, il y aura la résurrection. Et quand bien même (mais c'est chose impossible) Marie ne devrait jamais nous récompenser, nous ne nous en consacrerions pas moins à elle avec ferveur et enthousiasme, car ce n'est pas la récompense, c'est elle que nous aimons. »

Son délabrement physique ne fait d'ailleurs qu'aiguiser son esprit qui se fait plus fraternel encore. Bien qu'il ait de la peine à tenir une plume, il fournit dix pages de théologie mystique à un bon père qui ne sait comment répartir son cœur entre ses diverses dévotions, ou dix pages de sagesse pratique aux frères de Niepokalanow, qui semblent pris de la fièvre des bâtisseurs : vos projets de constructions en dur me préoccupent,

leur dit-il. Niepokalanow glisserait-elle lentement
vers la médiocrité des situations fixes ? Les édi-
fices par lesquels vous songez à remplacer vos
baraquements seraient moins faciles à adapter à
des besoins nouveaux, sans compter qu'en cas de
renversement politique ils pourraient attirer la
réquisition. Vous allez dépenser en bâtiments ce
qu'il vaudrait mieux réserver à la propagation de
la foi... « Avez-vous oublié que notre premier
caissier a été le bienheureux Cottolengo, collé
dans la boîte en carton où nous déposions les
premiers sous de la cause qui nous est chère ? Je
vous envoie son image. » On ne sait jamais. Il ne
se plaint que d'une chose, le manque de temps,
qui l'empêche de répondre comme il le voudrait à
la confiance des « païens », qui sont de plus en
plus nombreux à se tourner vers lui, et dont la
« dureté proverbiale » commence à fondre.

Aujourd'hui, le Japon est l'une des grandes
puissances de la terre, et il paraît capable d'opposer victorieusement sa cohésion et sa volonté à
tout défi de l'histoire. Mais la bombe atomique
n'a pas seulement ravagé deux de ses villes, elle
l'a atteint dans ses anciennes croyances, et l'on
discerne en lui une imperceptible brisure qui
l'expose à la dépression brutale, collective, sou-
daine comme un tremblement de terre. Si cela
doit arriver, peut-être se souviendra-t-il du petit

163

franciscain à la grande barbe qui aimait « le peuple aux yeux en amande », et dont l'humble couvent de Nagasaki s'était ouvert aux premiers orphelins de l'ère nucléaire. Un peuple ne peut pas vivre longtemps sans foi.

Cependant, les pieds de porc ne suffisant pas à tout, il était devenu nécessaire d'arracher Kolbe à un climat qui le détruisait, il fallait le ramener en Pologne. Le nouveau chapitre général est une occasion que le supérieur, qui veille gentiment sur lui, ne laissera pas échapper. En mars 1936, Kolbe annonce son départ à sa mère : « Si la guerre ne déchaîne pas sa tempête, je partirai d'ici pour la Pologne dans les premiers jours de juin au cas où il faudrait voyager par mer, ou dans les derniers jours si l'on peut traverser la Sibérie. » Ce sera plus tôt :

« Tandis que le navire me portait toujours plus loin de la côte, écrit-il aux frères de Nagasaki le 25 mai, il m'est venu cette pensée : et si c'était pour la dernière fois que je regarde cette terre ? Et... quelque chose m'a mouillé les yeux. »

C'était bien la dernière fois.

19.

LES MONSTRES

L'absence de lois éternelles mène à la barbarie. La Révolution française l'avait compris, qui promulguait sa Déclaration des droits de l'homme et du citoyen, préambule oublié, « en présence et sous les auspices de l'Etre suprême ». Elle ne parlait pas de Dieu, qui rappelait l'ordre ancien, mais elle savait que sans une caution divine, sans un « Etre suprême » qui pût sacraliser les principes du droit, il n'était plus de frein au pouvoir, ni de loi qui s'imposât aux consciences et fût en même temps une règle et une protection pour les individus. On n'est pas obligé d'admettre cette vérité, on n'est pas obligé d'y croire, mais on est obligé de la vivre. L'Europe de la raison, si fière d'avoir vaincu l'Europe de la foi et qui n'honore même plus l' « Etre suprême » d'une référence de politesse, va en faire l'expérience lorsque la folie douce des années 20 tournera, dans les années 30, à la folie furieuse. Les droits de l'homme seront abolis par les monstres de la couvée totalitaire. Haine de classe, haine raciale, haine du juif, haine de la « démocratie bourgeoise », la haine devient pour la première fois au monde un principe fondateur des sociétés humaines : c'est la grande nouveauté du siècle.

A l'Est, le système engendré par la haine politique interdit aux hommes toute autre finalité que lui-même et, en conséquence, clôt et cadenasse les cercles de son purgatoire. Le parti se constitue en idole — car ce n'est pas d'idéologie qu'il convient de parler ici, mais d'idologie —, exige la soumission, punit le scepticisme, et, à partir de 1933 et des grands procès de Moscou, commence à pendre ou à fusiller ses propres desservants : toute religion a besoin de Judas, et les Judas se prennent parmi les disciples. En Italie, le fascisme adopte le noir, couleur de l'anarchie et du veuvage, pour signifier l'extinction de toute loi au bénéfice de l'arbitraire, en mettant les récalcitrants sous la menace du deuil immédiat. En Allemagne, une voix rauque pareille au craquement du cor fait surgir de la forêt germaine une mythologie de la race et du sang, du peuple aryen élu par la nature, qui l'a fait beau, blond, musclé, prédestiné à la victoire et à la domination, physiquement tout le contraire de son chef (ces choses arrivent), petit, brun, un peu gras, à la démarche de canard rectifiée : Hitler. Le peuple élu par la nature aura naturellement pour premier ennemi le peuple élu par Dieu, dont la caractéristique essentielle, cause profonde des persécutions qu'il subit depuis des siècles, est d'être un peuple sans idoles. Ce nouveau paganisme finira par exiger des sacrifices humains. L'Aryen type, qui s'idolâtre lui-même et qui n'existe que dans ses rêves, ne pourra supporter la vue du juif, témoin de la réalité divine, et il va le tuer.

En cette même année 1936 où Kolbe retourne en Pologne, l'Espagne est ensanglantée par un laborieux coup d'Etat militaire. Les légions révoltées mènent leur guerre civile comme une sorte de croisade intérieure contre l'infidèle. Les républicains se battent jusque dans le vocabulaire de leur résistance, où ils appellent « espoir » leur désespoir croissant ; ils ont pour eux la loi, quelques fusils, et la sympathie effrayée des démocraties occidentales, qui détourneront pudiquement les yeux au moment de la mise à mort. L'Angleterre, emmitouflée dans ses brouillards, sirote les derniers revenus de son empire et cherche des accommodements avec le diable : elle va passer avec Hitler un accord naval qui lui conservera la maîtrise des mers, en risquant de lui faire perdre celle de son destin. En attendant le jour où elle sera seule, et sublime, elle s'apprête à confier le pouvoir à l'un de ses fils les plus distingués, Neville Chamberlain, qui donnera son nom à un parapluie, qui donnera le sien à une politique. En France, le Front populaire s'efforce de rattraper le retard invraisemblable d'un « pays de la liberté » où il n'existait que deux lois sociales, l'une, de 1848, interdisant d'employer des enfants de moins de douze ans dans les mines, l'autre, de 1793, prohibant les « coalitions », c'est-à-dire les syndicats. Malheureusement, il accomplit cette tâche nécessaire sous le couvert d'une métaphysique simplifiée pour laquelle la guerre est le fait des capitalistes et des marchands de canons, si bien qu'il ne saurait y avoir de guerre quand les marchands de canons et les capitalistes sont exclus du pouvoir. Cet optimisme bâclé rend le gouvernement dur d'oreille, et sourd quelque peu au bruit des bottes qui font trembler le sol de l'autre côté de la frontière. Le 7 mars 1936, pourtant, l'Aryen blond, sous le commandement du petit brun, avait occupé militairement, sans coup férir, la rive gauche du Rhin. La France a toléré cette violation des traités sans émotion excessive ; elle a toute confiance dans le béton de la ligne Maginot, qui n'arrêtera jamais que l'armée française.

Prise entre deux totalitarismes qui viendront au contact en lui passant sur le corps, la Pologne, non sans sueurs froides, se repose sur ses alliances avec les vainqueurs de la Première Guerre mondiale. Mais elle sent bien que le dispositif de la prochaine apocalypse se met en place autour d'elle, et Maximilien Kolbe retrouve, avec son pays menacé, les instincts et les automatismes de la clandestinité qui furent ceux de sa jeunesse, du temps qu'il passait discrètement avec son père les frontières intérieures de sa Pologne meurtrie et occupée par les Prussiens, les Russes et les Autrichiens. Ses journaux ne font aucune allusion aux événements, pour cette raison, et pour une autre, énoncée dans une lettre de Nagasaki à la communauté polonaise de Niepokalanow : « Il faut exiger des rédacteurs et des collaborateurs qu'ils écrivent selon l'esprit de la milice mariale, qui est la conquête du monde à l'Immaculée, le salut et la sanctification des âmes, en évitant, quand ce n'est pas absolument nécessaire, de critiquer les hommes, les partis, ou les autres nations. » C'est la directive d'une intelligence purement religieuse pour qui le mal doit se détruire lui-même, devant l'évidence du bien. C'est aussi, dans une patrie si souvent martyrisée, le réflexe de l'opprimé qui s'appuie sur sa ligne de résistance la plus sûre, celle qui passe par la clandestinité de l'absolu.

20.

LE RETOUR

A peine débarqué du Japon, Kolbe est élu supérieur de la grande Niepokalanow par le chapitre provincial de l'ordre. C'est peut-être une manière élégante de le retenir sous un climat plus favorable à sa santé. Peut-être aussi sa présence était-elle nécessaire à une entreprise qui commence à prendre des proportions phénoménales. Car en l'absence vigilante du fondateur, l'œuvre n'a cessé de croître. Sur le terrain offert par ce comte polonais qui craignait tant de déplaire à la Vierge Marie, les bâtiments — en matériau léger — ont été agrandis ou dédoublés, le « couvent éditorial » est devenu une entreprise industrielle, une cité organisée. Avec ses douze départements qui sont de véritables ministères (de la production, des finances, de la formation professionnelle, des relations extérieures, etc.), ses magasins de vivres et d'habillement, son hôpital, ses dentistes, sa station de radio, sa fonderie et ses pompiers, ses ateliers d'assemblage mécanique, ses trente-trois rotatives ultramodernes qui tournent à plein régime et ses centaines de religieux qui prient, travaillent ou inventent (par exemple, un « adressographe » breveté), Niepokalanow est une puissance. On en fête le dixième anniversaire en 1937, et Kolbe demande sa bénédiction au pape Pie XI, sous ce rapport d'activité :

« La milice mariale compte aujourd'hui près d'un million d'adhérents. Le centre national de cette " milice ", établi tout d'abord à Cracovie, puis à Grodno, fut transféré en 1927 près de Varsovie dans un couvent nouveau appelé Niepokalanow, où le nombre des religieux est actuellement de six cents, plus cent vingt-sept séminaristes.

« Ce couvent publie : 1) la revue mensuelle du mouvement, destinée aux adultes, *le Chevalier de l'Immaculée*, tirage : 780 000 exemplaires ; 2) une deuxième revue pour les jeunes, *le Petit Chevalier*, 180 000 exemplaires ; 3) un quotidien, *le Petit Journal*, 130 000 exemplaires », auxquels s'ajouteront huit autres périodiques. Cette lettre étant pieusement conservée dans les archives de l'ordre, et non dans celles du Vatican, on peut se demander si elle a jamais été transmise. En tout cas, la bénédiction n'arrivera pas.

Comme toute puissance, Niepokalanow a ses ennemis. Certaine presse antireligieuse mène campagne contre ce drôle de couvent où les techniques de pointe et l'ascétisme se marient pour inonder le pays de publications à bon marché qui parlent de surnaturel avec un naturel exaspérant. Dans l'Eglise elle-même, Niepokalanow n'a pas que des amis. Dans la correspondance de Kolbe, on voit passer de loin en loin un mystérieux « Don N. N. », qui n'est pas nommé autrement, et qui laisse derrière lui comme une trace sulfureuse. Ce personnage assez bien placé pour nuire, et qui ne se prive pas d'essayer, semble avoir pris à tâche de détruire l'œuvre de Kolbe, par l'intrigue, l'infiltration et tous les moyens que de hautes relations et l'expérience du monde peuvent mettre au service de la malveillance. Cet ennemi-là évanoui, d'autres viendront, imperméable et chapeau mou, l'œil vide de tout sentiment reconnaissable, allant par deux comme des jumeaux dépareillés : la Gestapo. Mais ils ne sont pas encore là.

Dans leur joie de revoir Kolbe et leur crainte que sa faiblesse ne supportât pas mieux les neiges de Pologne que le soleil mouillé du Japon, les tailleurs de Niepokalanow lui avaient offert un manteau de fourrure. Refusé. Ils se rabattent sur une veste matelassée, qu'il ne consent à porter qu'après avoir constaté que tous les malades du couvent ont la même. Il n'acceptera jamais d'être

traité autrement que ses frères : [un supérieur ne
se distingue que par un surcroît de charges et un
excédent de responsabilités.]

Aux soucis s'ajoute une peine secrète, l'errance
de son frère Franco. Celui-ci, employé à la mairie
de Grodno, vit avec une autre femme que la
sienne. Il serait facile de le joindre, écrit Kolbe à
sa mère, mais « que je tente de le faire et il aura
tôt fait de s'éclipser encore une fois, de peur que je
n'essaie de le ramener à sa première femme ». Ce
« pauvre François » est un poisson qui mord à
tous les appâts. S'il résiste mal à la tentation, il
résistera bien à l'occupant nazi ; mais Maximilien, qui l'a vu sortir de l'ordre, n'aura pas le
bonheur de le voir sortir de son désordre. Son
cœur en sera peut-être atteint, mais non pas sa
sérénité. Le don de soi ne le met certes pas à l'abri
de ce que la religion d'autrefois appelait des
« croix », mais il l'aide à les recevoir comme des
sortes de grâces imméritées : « Dieu entre en nous
par nos blessures », a dit un grand mystique. Il est
gai, et un religieux triste lui paraît une anomalie.
Quelle prise la mélancolie pourrait-elle avoir sur
nous, quand nous avons tout donné ? Pour lui,
bien des souffrances psychologiques résultent
d'un engagement imparfait. Il pense, comme
beaucoup de spirituels, que c'est en nous ce que
nous avons peut-être même inconsciemment distrait de l'offrande de notre personne qui produit
ces douloureuses petites concrétions de refus qui

173

sont à l'âme ce que les « calculs » sont à l'organisme. Cette idée revient souvent dans ses lettres. Lui-même n'a rien réservé de ses dons pour sa consommation personnelle. Selon saint Paul : « Tout contribue au bien de celui qui aime Dieu. » Fort de cette certitude, il est invariablement souriant. Il va au ciel. Il y a même des jours où ses frères, étonnés, ont l'impression qu'il en revient.

Durant cette ultime période de sa courte vie, Kolbe écrit plus de lettres que d'articles. Il collabore assez peu au quotidien fondé en son absence, et qui lui semble trop engagé dans la bataille politique. D'où cette directive : « Combattre le mal selon l'esprit de la milice mariale, c'est le combattre avec amour pour tous les hommes, y compris les moins bons. C'est mettre le bien en relief, de manière à le rendre attirant, plutôt que de propager le mal en le décrivant. Quand se présente l'occasion de réclamer l'attention de la société ou de l'autorité sur quelque mal, il faut le faire avec amour pour la personne en cause, et avec délicatesse. Ne pas exagérer, ne pas entrer dans les détails du mal plus qu'il n'est nécessaire pour lui porter remède. » Cinquante ans plus tard, on retrouvera la même attitude chez Jean-Paul II. A un familier qui lui signalait à table, sans nommer les auteurs, les extravagances de certaines théologies dans le vent (de la déroute), il répondra, avec sa placidité habituelle : « Laissez l'erreur se détruire elle-même. »

Dans ses articles, qui n'ont pas l'infinie variété de ses lettres, Kolbe revient souvent sur les mêmes sujets. C'est tout d'abord et principalement l'athéisme qui lui paraît le résultat d'une défaillance logique. Pour lui, la raison peut démontrer l'existence de Dieu, et on le sent prêt à soutenir qu'en vérité elle n'a jamais réussi à démontrer autre chose. La foi elle-même « est un acte de la raison, laquelle, par le concours de la volonté et de la grâce divines, reconnaît une vérité révélée ». Devant la complexité de l'univers, il s'écrie avec Voltaire, qui n'est pourtant pas de ses amis : « Je ne veux pas croire que cette horloge existe, et n'a pas d'horloger. » Cette démonstration simplifiée lui paraîtra toujours suffisante, et il est vrai que les métaphysiques les plus orgueilleuses, tout compte fait, ne vont pas plus loin : le monde est, ou n'est pas une horloge.

Du reste il publie peu, pour le grand journaliste qu'il est : entre 1936 et 1940, une quarantaine d'articles, dont plusieurs sont de brefs communiqués, des vœux, des pétales de bonnes pensées : « Au printemps tout renaît. De même se régénère notre esprit de consécration à Marie. [...] » « Faisons en sorte que les autres l'aiment comme nous et encore plus que nous. [...] » Le premier de cette ultime série d'articles définit une fois encore

175

l'idéal de Niepokalanow, de la « milice », et du *Petit Journal*, auquel il ne donnera guère de copie. Je crois bien qu'il préfère *le Chevalier*, dont le chapelet a réponse à tout, et qui ne se laisse pas entraîner comme le quotidien par les turbulences de l'actualité. *Le Petit Journal* ne répond pas, semble-t-il, au souhait qu'il avait formé à la naissance du *Chevalier*, à savoir qu'il pût inscrire sous sa manchette : « Marie, rédactrice en chef », car s'il est suivi, et obéi souvent, il n'est pas toujours compris. Il l'est même rarement. Les princes de l'esprit sont toujours seuls. La puissance de concentration de leur intelligence sur une pensée, quand ils appartiennent à cette catégorie des êtres d'exception que Carlyle appelait des « héros », ou sur un mystère, quand ils sont religieux, est telle qu'elle les isole de leurs plus fidèles compagnons eux-mêmes, qui les admirent sans voir ce qu'ils voient, des foules qui se confient à leur personne plus qu'elles n'assimilent leurs idées, et du cercle vague des intellectuels qui, n'atteignant jamais ce point d'incandescence des esprits qui rencontrent une vérité éternelle et vivante, supposent que ce point n'existe pas, et tiennent ceux qui en restent éblouis pour des rêveurs ou des malades. La solitude est le partage des conquérants, des aventuriers de la pensée, et des grands mystiques. Napoléon, avec trois cent mille hommes qui ne savaient pas où ils allaient, parcourait l'Europe seul, à la poursuite d'une unité transcendantale et insaisissable. Socrate cherchait la vérité si loin en avant de ses contemporains que ceux-ci le firent périr pour le tenir, enfin, sous leurs pieds. Le mystique, lui, a cette particularité de tout dire avec un mot, qui est un nom, le nom d'une personne qui condense en elle toutes les pensées possibles, dans une cohésion littéralement nucléaire qui la rend à la fois inscrutable et fascinante. Chez sainte Thérèse d'Avila, ce nom qui dit tout est celui de Jésus, qu'elle fait toujours suivre d'un point d'exclamation, symbole graphique de l'extase. Dans ses *Elévations*, sainte Catherine de Sienne répète indéfiniment : « Dieu, Dieu, O Dieu saint... », et il ne s'agit pas, comme le supposent les incrédules, d'un mot joker que les chrétiens emploieraient quand il leur manque une carte, mais le foyer de vérité qui éclaire toute chose d'une lumière nouvelle. Pour Kolbe, ce mot inépuisable et révélateur est le nom de Marie, et s'il le prononce au début, au milieu et à la fin de toutes ses lettres et de tous ses articles, c'est parce qu'il a, chaque fois, l'impression d'allumer un cierge, un lampion ou une étoile, et il ne se lasse pas d'en faire des guirlandes ou des voies lactées. Les cœurs simples l'écoutent car la sainteté les trouve toujours disponibles. Les autres, dans leur cécité, l'accusent de rabâchage.

Cependant, avec ses millions de lecteurs et son armée de moines, il n'en donne pas moins l'impression d'être seul, toujours en avance d'une étape, guidé par un astre en déplacement insolite, comme une sorte de Roi Mage qui aurait laissé sa troupe loin derrière lui pour arriver plus tôt au pied d'une crèche qui lui inspire de bien jolies prières :

« Quelles étaient tes pensées, O Immaculée, lorsque pour la première fois tu as déposé le divin nourrisson sur son lit de paille ? Quels sentiments inondaient ton cœur, tandis que tu L'enveloppais de langes, que tu Le prenais sur ton cœur et L'allaitais de ton sein ?

« Tu savais bien qui était cet Enfant, puisque les prophètes avaient parlé de Lui, et tu les comprenais mieux que tous les pharisiens et les savants en Ecriture sainte : l'Esprit saint t'avait donné infiniment plus de lumières qu'à toutes les autres âmes prises ensemble. En outre, que de mystères sur Jésus ont été révélés seulement et exclusivement à ton âme immaculée par l'Esprit divin qui vivait et opérait en toi !

« Déjà, au moment de l'annonciation, la Très Sainte Trinité, par le ministère d'un ange, t'avait présenté dans toute sa clarté son plan de rédemption, et avait attendu ta réponse. A ce moment, tu savais parfaitement à qui irait ton consentement, et de qui tu serais mère !

« Et Il était là devant toi, dans sa fragilité de nouveau-né.

« Quels sentiments d'humilité, d'amour et de reconnaissance ont dû envahir ton cœur [...]

tandis que tu admirais l'humilité, l'amour et la reconnaissance que le Dieu incarné avait pour toi. « Mon cœur aussi, je t'en prie, remplis-le de ton humilité, de ton amour, de ta reconnaissance ! » Ces lignes sont extraites de *l'Echo de Niepokalanow*. Je me demande s'il y avait un autre esprit pour publier des pensées de ce genre, dans cette Europe de l'immédiate avant-guerre étourdie par le vacarme des haines volubiles et des vains exorcismes de la peur, et qui glissait vers la nuit.

A Niepokalanow la troupe va au pas de charge, mais tout le monde ne suit pas, il y a des éclopés. A l'un d'eux qui a manqué à deux de ses vœux (l'obéissance, la pauvreté) après avoir confessé en pleurant qu'il avait des difficultés avec le troisième (la chasteté), Kolbe conseille de rester à la maison, où ce garçon malheureux est d'ailleurs retourné à ses frais, et sans permission ; mais il le fait sans aucune acrimonie, en recommandant au fautif de « s'agripper à l'Immaculée » qui l'accompagnera sans nul doute « jusqu'à une fin sereine, terme de cette vie terrestre ». Ces défections sont rares : « Le niveau de la vie spirituelle des frères de Niepokalanow est bon, je devrais même dire très bon, écrit Kolbe à son provincial. Le nombre des " accidents ", bien qu'il ait été de cinq en un an, est toujours inférieur à un pour cent. C'est mieux, par conséquent, que parmi les premiers apôtres, où le pourcentage a été de un sur douze ! » Humour, évidemment. Kolbe sait bien que les parallèles de son parallèle ne se rejoignent pas : les défaillants ne sont pas des Judas, ils n'iront pas se pendre. Ils resteront au contraire fidèles au souvenir de Kolbe, avec au fond du cœur, au moins pour quelques-uns, le regret de n'avoir pu s'imposer les sacrifices qu'il semble obtenir si aisément de lui-même — sans les rechercher —, avec le sombre enthousiasme des anciens athlètes de la pénitence corporelle : « En ce qui concerne les mortifications, dit-il à un frère, il faut être prudent, afin de ne pas mettre notre santé en danger ; car notre santé n'est pas à nous, mais à Marie » ; suit une formule revenant à dire que le religieux n'est que le locataire de sa personne consacrée, et qu'il a le devoir de maintenir les lieux en bon état.

L'Avocat du diable conteste ce point de vue. S'appuyant sur un texte du pape Benoît XIV soulignant que les preuves de mortifications corporelles sont nécessaires pour apprécier la sainteté d'un serviteur de Dieu, il observe que « chez le père Kolbe, engagé tout entier dans diverses formes d'activités apostoliques, cette exigence essentielle est totalement absente ». Il ne voit pas trace, dans sa vie, de cet « indice authentique de perfection chrétienne ». Il invoque les rapports des procureurs apostoliques. L'un n'a aucun exemple de pénitences extraordinaires à citer, d'autres se bornent à constater que le serviteur de Dieu se conduisait comme ses frères, « non sans l'exception des séjours en montagne », et qu'il prenait une heure de repos l'après-midi, sur l'ordre des médecins, prescription suivie « consciencieusement ».

L'Avocat du diable dilue une goutte d'ironie dans ce « consciencieusement », respire et passe à une autre objection : le père Kolbe s'est-il, au moins, astreint aux pénitences imposées par les antiques constitutions de l'ordre, tel « le saint exercice de la discipline » qui consiste, comme on sait, à se flageller le dos soi-même ou par l'obligeante entremise d'un confrère ? L'accusation n'en sait rien ; elle note qu'en sa qualité de supérieur, Kolbe aurait dû veiller à ce que les pénitences imposées par les constitutions fussent appliquées, en commun, durant le carême.

La défense, abasourdie, commence dans son trouble par répondre qu'en tout cas Kolbe ne fumait pas, qu'il ne buvait pas d'alcool, et qu'il voyageait en troisième classe. Puis, reprenant ses esprits, elle retourne Benoît XIV contre l'accusation en lui rappelant que pour ce pape « les mortifications n'étaient pas des vertus », et qu'il fallait en user avec modération. Avec ses accès de fièvre, ses migraines et son poumon détruit, Kolbe n'était-il pas assez malmené par la nature, qu'il

181

fallût encore y ajouter le martinet ? Quant à la pénitence collective du temps de carême, la défense signale qu'elle a été remplacée à Niepokalanow, avec toutes les autorisations voulues, par la récitation du *Miserere* ; Kolbe, dit-elle, préférait l'esprit à la lettre, d'autant plus que sept cents moines s'administrant mutuellement des coups de lanière dans leur église n'eussent pas donné un spectacle propre à édifier les novices.

Ces pratiques singulières, qui remontent à l'époque lointaine où les anachorètes jugeaient nécessaire d'affliger leur corps pour libérer leur esprit, sont aujourd'hui sorties de l'usage. Elles ne figurent pas dans les dernières constitutions franciscaines.

La religion, l'expérience japonaise nous a déjà permis de le constater, descend dans l'être humain beaucoup plus avant que n'importe quelle philosophie. Elle atteint les profondeurs où se nouent les angoisses et les interrogations primordiales auxquelles les idéologies et les systèmes de pensée donnent les courtes réponses de l'intelligence, quand on attend celles de la vie elle-même. C'est dans cette région de l'âme que Kolbe a élu domicile, et il ne se laissera pas déloger par le tintamarre du siècle. Inutile de chercher dans ses articles, ses allocutions ou ses lettres un commentaire direct des événements : il n'y en a pas. Tandis que le mal recouvre peu à peu la terre, il travaille dans la mine d'or du spirituel, et il refuse d'en sortir pour s'engager, avec son œuvre, dans les combats de surface. L'église qu'il a bâtie, il ne veut pas en faire un dépôt de munitions, et ce n'est pas du neutralisme. Il est antinazi tout autant qu'antimarxiste, et plus patriote que jamais. Seulement, sa patrie, il pressent que ce sera bientôt, une fois de plus, au fond des cœurs qu'il faudra la chercher. Une vieille lettre nous en dit plus qu'un long traité sur la difficulté d'être polonais :

« Sur *L'Angkor*, juillet 1932.

« Au bureau de poste d'Ernakulam, ville de l'Inde sur la côte de Malabar, j'écris un télégramme en langue polonaise à destination de Niepokalanow. L'employé, un bon catholique, veut bien l'expédier rapidement, mais il me demande une telle somme que j'en reste ébahi, et que je proteste.

« Alors il commence à feuilleter plus attentivement le règlement :

« La langue polonaise ? Mais, me demande-t-il, de quelle langue s'agit-il ?

« Je lui réponds : de la langue que trente-deux millions de personnes parlent en Pologne.

« Lui : et la Pologne se trouve en Autriche, non ?

« La Pologne, monsieur, est en Pologne. C'est un Etat indépendant.

« Il feuillette de nouveau, examine encore. A la

fin, fatigué, le pauvre réussit à trouver un tarif acceptable.

« Dans le train de Colombo Sale, un voyageur du genre intellectuel me demande où je vais, et d'où je viens.

« Je suis polonais, dis-je à ce monsieur. Je suis originaire de Pologne.

« Alors, réplique aussitôt mon intellectuel, vous êtes russe.

« J'ai dû lui mettre dans la tête que la Pologne n'était pas la Russie. »

Dans l'omnibus, un voisin lui explique que le restaurant polonais où il va est un restaurant russe. Un autre lui apprend que la religion de la Pologne est le judaïsme, il le sait, étant lui-même juif d'origine allemande et employé au consulat français de Shanghai, donc bien renseigné.

Kolbe hésite à détromper « un si brave homme ». Il lui dira tout de même que « la population polonaise est en majeure partie composée de catholiques ».

En 1938, la Pologne n'est pas en Autriche, mais l'Autriche est en Allemagne où les dieux païens de la force et du rêve sont sortis des forêts où le christianisme les avait confinés. Ils promettent à l'un des peuples de la terre les plus riches en culture de le rendre pur, beau et sain comme sa mère la nature, et ils mettent au monde une espèce de dragon microcéphale couvert d'écailles d'acier dont la langue de feu va calciner l'Europe.

Comme tous les Polonais, Kolbe voit bien que ce monstre mythologique commence à tourner la tête du côté de sa patrie, qui n'a aucun secours à attendre du géant stalinien apparemment assoupi, mais dont l'œil froid prend déjà les mesures d'un dépeçage. Et il dit :

« Mes petits enfants, un combat sans pitié approche. Je ne sais ce qu'il sera exactement mais ici, en Pologne, nous devons nous attendre au pire. La guerre est beaucoup plus près de nous qu'on ne le croit, et elle dispersera notre communauté. [...] Lorsque cela arrivera, nous devrons remercier nos persécuteurs et leur exprimer notre reconnaissance afin d'obtenir pour eux la grâce de la conversion, par l'intercession de Marie. Quant à nous, nous sommes invincibles... »

Du reste, « il n'est pas un coin du monde où l'on ne rencontre des croix... Ne les fuyons pas trop, mais s'il le faut prenons-les sur les épaules et portons-les de bon gré, pour l'amour de l'Immaculée ». « Comme elle sera douce, la mort de ceux qui lui appartiennent ! »

Douce..., mais dans la logique qui est la sienne, la douceur vient avec la paix de la conscience.

Durant les années qui mènent à la guerre, la correspondance de Kolbe traite des affaires courantes. Les grandes, telles que l'extension de la milice mariale, la diffusion de la presse et de

185

l'esprit de Niepokalanow, les fondations nouvelles ; les petites, comme les difficultés causées
par ce gentil frère revenu d'une cure de quelques
mois « après avoir expulsé ses bacilles et absorbé
une telle quantité d'esprit mondain » qu'il en est
devenu inutilisable ; ou ce portrait du concierge
idéal : « Le portier doit être assez ancien par l'âge
et la vocation, et bien enraciné dans l'esprit
religieux, puisque c'est lui qui représente la communauté pour ceux qui se présentent à l'entrée du
couvent. Les visiteurs jugent souvent toute la
communauté d'après sa conduite. Il doit être
capable de se contrôler lui-même, afin que sa
spiritualité ne pâtisse pas de ses contacts avec le
monde. Il doit s'armer de patience, de délicatesse,
d'affabilité, mais il doit montrer parfois de la
fermeté, et garder son sang-froid en toute circonstance, même lorsqu'un furieux — cela s'est vu —
brandit un revolver. Un seul mot prononcé sans la
gentillesse voulue peut causer de grands dom-
mages. Durant l'absence du titulaire, un frère
ayant un jour traité quelqu'un de manière expéditive, on s'aperçut ensuite que cet inconnu était à
la tête d'un groupe de visiteurs qui rebroussèrent
chemin aussitôt. » Il se préoccupe aussi de la mise
en place d'une grande station de radio, celle de
Niepokalanow n'ayant encore l'autorisation
d'émettre que pour les radios d'amateurs. Il s'est
toujours intéressé, on le sait, aux techniques
modernes de communication. A treize ans il

inventait déjà, dessins à l'appui, un système de transmission des télégrammes qui ressemblait fort à un télex. Mais sur « le bruit et la fureur » du monde, toujours rien. Il faut dire que pour Kolbe, le malheur, c'est la chute. Il en a une sous les yeux, celle d'un compagnon qui semblait avoir atteint les sommets, et qui vient de rompre ses vœux : « Prions pour son âme. [...] Voilà les véritables souffrances, auprès desquelles tous les désastres matériels, la maladie et la mort ne sont rien... »

Après tout, l'Evangile, tout entier tourné vers les personnes, ignore lui aussi les événements, et ne prononce pas plus le nom de Tibère que Kolbe celui d'Adolf Hitler.

Tout de même, il lâche une fois les rênes à ses sentiments patriotiques, dans une lettre au maréchal Rydz-Smigly, l'héritier politique du maréchal Pilsudski. La lettre est de mai 1939. Hitler a déjà englouti l'Autriche et la Tchécoslovaquie. Les démocraties occidentales, qui n'ont qu'une pensée : éluder le face-à-face de la peur et du destin, sont allées à Munich assurer le glouton de leurs dispositions pacifiques, sans oser lui demander de prouver les siennes. En Angleterre, Winston Churchill, incarnation de l'héroïsme national en forme de bébé boudeur plongé dans un bain trop chaud, s'est écrié, à l'adresse des lâchetés environnantes :

187

« Vous avez choisi le déshonneur pour éviter la guerre, vous avez le déshonneur et vous aurez la guerre. » Il est clair que la prochaine victime d'Hitler sera la Pologne :

« Bien convaincus de la nécessité de l'effort et des sacrifices que la situation impose à tous les citoyens de la nation, les religieux de Niepokalanow, au nombre de six cent dix-neuf, les séminaristes, au nombre de cent vingt, ont décidé de se priver de sucre. [...] La somme correspondante sera leur contribution aux besoins de l'armée. [...] » Pour la circonstance, l'Immaculée est nommée, *in fine*, « Condottiera » de la Pologne. Cette privation de sucre paraît peu de chose. Les religieux, qui ne possédaient rien et qui vivaient de fort peu, n'avaient rien trouvé d'autre à offrir.

Les lettres suivantes reviennent à ce qui fait l'ordinaire des jours, l'activité missionnaire, les journaux, les professions religieuses et les accidents de parcours, les défections, toujours pleurées, toujours aussi cruelles au cœur d'un homme qui vibre à l'unisson des âmes et que les fausses notes déchirent, les petites trahisons du personnage sulfureux que nous avons déjà rencontré, qui voulait abattre Niepokalanow, et qui maintenant vide la boîte aux lettres du couvent avec un fil de fer, les rappels insistants à la spiritualité mariale, ou ce que l'on se permettra d'appeler les gentils bricolages de la piété, comme cette invitation faite aux musiciens de Niepokalanow — car le couvent a son orchestre — d'imiter ceux de Zakopane, qui donnent à la Vierge Marie des aubades de trompettes, sur des mélodies populaires jouées avec toute la douceur que permettent ces instruments de jugement dernier.

Si le ton des lettres ne change pas, celui des allocutions aux frères de Niepokalanow devient de plus en plus grave, et se rapproche insensiblement de celui de l'Evangile des derniers jours. La veille d'être livré, Jésus disait à ses disciples :
« Voici, l'heure vient, et elle est déjà venue, où vous serez dispersés chacun de son côté, et où vous me laisserez seul. Mais je ne suis pas seul, car le Père est avec moi. »
Kolbe dit :
« Mes petits enfants, aujourd'hui je suis avec vous, vous m'aimez et je vous aime. Mais il n'en sera pas toujours ainsi : je mourrai, et vous vivrez. Cependant, avant de vous quitter, j'ai une révélation à vous faire. » Il s'agit d'une grâce exceptionnelle reçue au Japon, où il aurait eu la joie d'être assuré du salut de son âme. Malheureusement, le religieux qui rapporte ces propos couleur de testament est imprécis sur la forme de cette expérience mystique. Selon quelques témoins, il pourrait s'agir d'une nouvelle apparition, à laquelle ils accordent, je ne sais pourquoi, plus de

189

chances de probabilité qu'à la première, celle de l'enfance. C'est un assez bon exemple de la « méthode historique ». Sur la première apparition, nous avons le témoignage de Maria Kolbe : il y a doute ; la deuxième est hypothétique : on est plus enclin à y croire.

« Grâce à ce que je vous dis là, dit encore Kolbe, et vous souvenant de mon expérience, vos âmes progresseront sans cesse dans la vie religieuse. Ainsi serez-vous à même de supporter les sacrifices que Dieu, par l'intermédiaire de l'Immaculée, va exiger de vous. »

Et c'est la dernière lettre du temps de paix, le 19 août 1939, aux frères de Nagasaki :

« J'ai commencé à répondre aux lettres du Japon au mois de juin, mais c'est seulement maintenant que je trouve de nouveau un peu de temps libre pour continuer à le faire.

« En ce qui concerne la guerre, ici nous gardons notre calme, mais l'état d'alerte augmente sa pression tous les jours. Il n'est pas exclu que quelque chose soit arrivé quand cette lettre vous parviendra ; mais tout est entre les mains de la divine Providence. [...] »

Ce quelque chose, c'est, le 1er septembre 1939, l'invasion de la Pologne et le début de la Seconde Guerre mondiale.

Depuis longtemps, Kolbe a fixé en trois mots les trois étapes de la vie religieuse : « La formation, l'apostolat, la passion. » Sa formation a été parfaite, son apostolat exceptionnellement productif. Quant à cette passion dont il a toujours su, semble-t-il, qu'il aurait à la vivre un jour, la voici qui vient.

21.

LA CAUSE DES SAINTS

Il a quarante-cinq ans, il lui reste deux années à vivre. Mais avant d'entrer dans la phase finale de sa vie, aussi distincte de tout ce qui l'a précédée que les derniers jours du Christ diffèrent violemment de leur prélude enseignant et relativement paisible, il y a lieu de se demander s'il était déjà, au moment de gravir son calvaire, ce que l'Eglise, officiellement, appelle un saint.

A Rome, la Congrégation pour la cause des saints siège dans l'un des deux grands palais de style néo-quelque chose qui se font vis-à-vis, au bout de l'avenue qui mène à Saint-Pierre, pardessus les autocars, les taxis et les marchands de glaces. A l'intérieur, de vastes couloirs carrossables, et dans les bureaux le mobilier habituel des maisons religieuses, où la crédence alterne avec le classeur et la peluche avec le nickel-chrome.

192 *console sur laquelle on dépose les burettes*

C'est là que l'on fait les saints, qui mènent une vie bien rangée sur les rayons des archives, et ramassée en trois volumes reliés de toile rouge : *L'enquête, Les objections, Les réponses.* C'est la bibliothèque de la foi et de la charité vivantes, le conservatoire des beautés de l'âme, l'enclos des vertus et le jardin des miracles.

On constate sur les étagères des vides nombreux et logeables, comme si les saints enregistrés, par un surcroît de charité chrétienne, se serraient contre les planches pour faire place à de nouveaux arrivants. Optimisme ? Non, Napoléon. Les vides, c'est lui qui, passant par là, fit main basse sur les archives du Vatican. Pendant des semaines, les camions attelés se succédèrent à Saint-Pierre, la mémoire de l'Eglise s'en allait à pleines charrettes, et seuls échappèrent aux déménageurs les dossiers du Saint-Office, que le pape avait ordonné de brûler : ils contenaient sur les têtes couronnées des pièces relevant du secret de la confession. Le reste fut saisi, et l'Eglise serait amnésique si la France, après l'Empire, ne lui avait laissé, libéralement, la faculté de racheter son propre bien. Ce qu'on n'a pu faire qu'en partie seulement.

On ne trouve dans ces archives reconstituées ni saint Pierre, ni saint Paul, ni aucun des saints des premiers temps. Saint était alors synonyme de martyr, et l'on vénérait les témoins de la foi sans autre forme de procès. Tous les chrétiens ensevelis dans les catacombes étaient considérés comme autant de martyrs, ce qui était assez loin d'être le cas. [En outre, étant donné l'anonymat de la plupart des sépultures, des erreurs pouvaient se produire, et l'on a par exemple aujourd'hui des raisons de penser que la célèbre et bienheureuse Philomène a fait un grand nombre de miracles avec un autre corps que le sien.]

[Longtemps, les évêques ont eu le droit de déclarer saint qui leur paraissait tel, eux-mêmes étant portés sur les autels dès lors qu'ils avaient bâti ou fondé, si bien qu'il s'en est ensuivi durant les premiers siècles du christianisme une telle inflation d'auréoles qu'il fallut songer à réglementer la distribution. Les évêques ayant pris peu à peu l'habitude de faire contresigner leurs décrets par le pape, afin que les saints de leur choix fussent honorés dans l'Eglise entière, et non pas seulement dans leur diocèse, Rome en profita pour fixer des lois d'ailleurs difficiles à établir, la période des grandes persécutions étant terminée et le martyre, par conséquent, n'étant plus comme autrefois le simple et radical critère de la sainteté. C'est ainsi que l'on en vint à parler de l' « héroïcité des vertus », par analogie avec l'héroïsme des martyrs, et notion d'autant plus exigeante qu'elle est relativement imprécise. Selon le mot d'un pape qui s'intéressait au dossier d'une pauvre religieuse reléguée pendant quarante ans dans les emplois les plus obscurs, l'héroïcité des vertus peut consister « à faire les choses ordinaires de manière extraordinaire », c'est-à-dire avec patience, abnégation, fermeté dans l'épreuve et persévérance dans le bien, ce qui se voit chez beaucoup de religieuses, et chez un plus grand nombre encore de mères de famille dont la cause ne sera jamais plaidée à Rome. Quant à Kolbe, on peut dire de lui qu'il faisait plutôt les choses extraordinaires de manière ordinaire.

En mille ans, autrement dit depuis que les règles de la sainteté officielle ont été fixées, l'Eglise a prononcé un millier de canonisations, soit en moyenne une par an, et neuf cent quatre-vingt-treize sont en instance, dont près de la moitié concernent des Italiens : les Italiens sont plus près de Saint-Pierre, ils connaissent la maison et ne se trompent pas de porte. Et ils savent présenter une cause, mieux, en tout cas, que cet archevêque américain pressé de voir sur les autels un saint homme de son diocèse, et qui se faisait précéder à Rome par ce télégramme : « Préparez tout pour canonisation. J'arrive. »

Une canonisation est une œuvre de longue haleine. Celle de Jeanne d'Arc a duré cinq cents ans, et celle de Charles de Foucauld n'avance plus depuis des années; sur la voie qui mène aux autels, les rapides sont rares.

Tout commence par la *vox populi*, la réputation de sainteté qui suscite la dévotion populaire. L'évêque du lieu ouvre alors une enquête et constitue un dossier, qu'il enverra à Rome si la cause lui paraît digne d'être soutenue. Dès lors, l'intéressé est appelé « serviteur de Dieu ». Si Rome décide qu'il y a lieu de poursuivre l'examen, le « serviteur de Dieu » deviendra « vénérable », et l'enquête recommencera sur sa vie, ses fondations et ses écrits, ceux-ci pouvant être retenus contre lui et ne plaidant jamais en sa faveur de manière décisive, l'Eglise considérant que l'on peut écrire très bien, et se conduire comme si l'on ne s'était jamais lu. Ainsi le bénédictin Dom Marmion, qui parlait à merveille des vanités du monde, prenait-il trop souvent le thé chez les duchesses; son auréole est restée dans sa tasse, avec le citron.

La procédure est moins féroce que les lions des premiers siècles, mais elle est rigoureuse, prudente et complexe. Les témoins jurent de dire la vérité, et ceux qui manqueraient à leur serment encourraient une excommunication que le pape est seul à pouvoir lever. Entrent alors en scène des commissions qui sont autant de tribunaux, un postulateur, qui présente la cause avec le concours d'un avocat, un promoteur général de la foi, plus connu sous le nom d' « Avocat du diable », qui a pour mission de relever les faiblesses du dossier, ou au contraire de rejeter les observations, mal fondées, des consulteurs qui se prononcent par écrit, et des experts qui examinent les miracles. Toutes les pièces étudiées, les parties entendues, le pape décide en toute souveraineté. Si son jugement est favorable, le « vénérable serviteur de Dieu » est proclamé bienheureux. C'est la béatification. Vient ensuite ce que l'on appelle « le témoignage de Dieu », c'est-à-dire les miracles. Il en faut au moins un pour passer de la béatification à la canonisation.

Certains candidats sont fertiles en prodiges, d'autres beaucoup moins. Pie XII, qui de l'avis général vivait de manière exemplaire, ne fait pas de miracles ; Jean XXIII en fait presque plus qu'on ne lui en demande, dieu avant que l'héroïcité de ces vertus ait été officiellement établie. Les martyrs sont dispensés de miracles, et l'autopsie de leur personnalité n'est pas aussi poussée que chez les « confesseurs de la foi » : leur mort pouvant être considérée comme un baptême de sang, tout ce qui l'a précédée se trouve aboli par leur sacrifice, qui devient le jour de leur véritable naissance. En revanche, on examinera les circonstances de leur mort avec un redoublement de minutie.

Maximilien Kolbe ayant été, on l'a vu au début

de cet ouvrage, béatifié comme « confesseur de la foi » par Paul VI, et canonisé comme « martyr » par Jean-Paul II, a dû par conséquent subir deux procès, le premier sur l'héroïcité de ses vertus, le deuxième sur son sacrifice, pour ainsi dire l'un sur sa vie, l'autre sur sa mort. Le moment est venu de liquider le premier.

L'Avocat du diable promène aujourd'hui dans les couloirs du palais des saints un visage mélancolique : les nouvelles règles de la Congrégation lui ont retiré son emploi, il est devenu le Théologien, bien entendu par excellence, et ses anciennes attributions ont été réparties entre les Eminents Rapporteurs. Cependant, lors du procès de Maximilien Kolbe, il exerçait encore sa fonction d'examinateur suprême dans toute son étendue. Il lui appartenait, toutes les pièces du dossier étant passées par ses mains, de dresser sur la vie et les œuvres du prévenu de sainteté le constat de perfection ou d'insuffisance qui serait soumis, avec les plaidoiries de la défense, au jugement du saint-père. On l'a vu surgir assez souvent dans ces pages, l'index accusateur pointé sur ce qu'il tenait pour une défaillance ou une erreur, mais à vrai dire son réquisitoire n'avait pas beaucoup de grain à moudre.

Il observe tout d'abord que les témoins projettent rétrospectivement sur la vie de Kolbe la lumière éclatante de sa mort, ce qui aboutit à une idéalisation de sa personne où l'enthousiasme « collectif et incontrôlé » perd à la fois la mesure et le discernement. « Comme tout grand événement historique a besoin d'un héros, dit-il, ainsi le dernier conflit mondial a pu trouver le sien en lui, debout sur le fond et dans le cadre de la Pologne qui, entre toutes les nations, est sortie de la guerre le plus cruellement suppliciée. »

Cette mesure, l'Avocat du diable la gardera ; ce contrôle de soi, il ne le perdra pas. Kolbe, à ses yeux, est incontestablement mû par un grand désir de perfection, mais son cheminement lui paraît entravé par « son individualisme, un caractère entêté, un naturel sentimental et romantique, une imagination extravagante de *chevalier errant* (lisez : chimérique), son nationalisme, etc., qui, s'ils ont fait de lui une personnalité des plus intéressantes, voire, comme on l'a dit, " l'une des plus riches et des plus fascinantes de notre temps ", l'ont cependant écarté des schémas classiques de la sainteté (faite de renoncement à soi-même, d'un continuel effort pour amender et surmonter sa propre nature, afin d'atteindre à l'équilibre des vertus dans l'harmonie d'un plan supérieur) tout en le mettant en contradiction avec la règle et les constitutions de son ordre ».

Tout le « réquisitoire » de l'Avocat du diable est sur ce thème. Kolbe était « une personnalité *sui generis*, un peu déconcertante », ce que dans la bonne société l'on appelle « un original ». Mais François d'Assise en avait été un autre, et en se mettant tout nu sur la place publique il était sorti lui aussi, en boulet de canon, des « schémas classiques de la sainteté ».

Nous avons déjà relevé en chemin les remarques de l'accusation sur la manière dont Kolbe a vécu les vertus de foi, d'espérance, de charité, et les vertus annexes de prudence ou d'humilité. Qu'il les ait pratiquées jusqu'à l'héroïsme est une évidence qui s'impose à l'Avocat du diable lui-même, qui est honnête homme et qui, après avoir critiqué en examinateur réticent, conclut en juge conquis par son accusé. Il baisse pavillon, mais il dit cela autrement :

« Au moment d'amener les voiles, j'éprouve le besoin de déclarer que, me trouvant sur le bord opposé, ce n'est pas sans peine que j'ai pu me soustraire à la fascination qu'exerce la figure de ce " fou sublime ", avec qui l'on respire l'air très pur des hauteurs. Je suis persuadé que le diligent postulateur de la cause saura trouver des arguments valables pour dissiper les ombres et replacer Maximilien Kolbe, illustre fils de saint François et de l'ordre des frères mineurs conventuels, dans la plénitude de sa lumière. »

Ce premier procès de Kolbe aura été paisible, et la défense n'aura pas eu, pour ainsi dire, à élever la voix pour obtenir gain de cause sur la question des vertus. Le deuxième procès, sur le martyre, sera plus houleux, l'opposition plus catégorique, la défense moins à l'aise : c'est que Maximilien Kolbe, après être sorti des « schémas classiques de la sainteté », allait sortir aussi de ceux du martyre. Mais nous allons entrer dans le premier cercle de sa Passion, qui commence par celle de sa patrie.

22.

« N'OUBLIEZ PAS L'AMOUR »

Le 1er septembre 1939, Hitler brise la frontière de la Pologne et lance ses blindés contre la cavalerie polonaise, aussi héroïque et massacrée que d'habitude. Les Alliés déclarent la guerre à l'Allemagne, et ne la font pas. La marine britannique fait à peine monter la pression de ses chaudières. L'armée française, alors considérée comme la plus puissante du monde, se coule dans la ligne Maginot et ne bouge plus, bétonnée vive. Anglais et Français assistent, immobiles, au dépeçage de la victime encore chaude par Hitler et par Staline, qui s'est avancé pour prendre la Pologne à revers, et l'achever. Devant ce crime contre un peuple qui n'était protégé que par le papier des traités, la conscience universelle balbutie sa réprobation, tandis que les frileuses démocraties bourgeoises espèrent encore que le dragon, repu, oubliera de tourner la tête de leur côté.

Le 5 septembre, les machines de Niepokalanow

s'arrêtent, l'ouragan approche. L'aviation allemande bombarde Varsovie, et lâche en passant quelques bombes sur la cité mariale, qui font peu de dégâts et ne blessent personne. Cependant, les autorités civiles donnent à Kolbe l'ordre de dissoudre sa communauté. Les six ou sept cents religieux du plus grand couvent du monde vont se disperser dans la nature, après avoir reçu de leur supérieur tous les encouragements dont sa foi était prodigue, le conseil accessoire d'éviter l'alcool et le tabac, et, sur le pas de la porte, cette ultime recommandation :

« N'oubliez pas l'amour ! »

Une quarantaine de frères avaient refusé de partir, et restaient serrés autour de Kolbe dans le couvent dépeuplé, où ne se faisait plus entendre que le bruissement de la prière et des mauvaises nouvelles. Les lignes de défense polonaise cédant l'une après l'autre, ils se demandaient quel serait leur sort, et s'ils seraient arrêtés, tolérés, fusillés, ou écrasés par les bombes qui avaient déjà fait, dans le voisinage, beaucoup de victimes pour lesquelles Kolbe avait agrandi son infirmerie. Le 12 septembre, il n'y avait plus de front, la marée verte déferlait sur le pays. Chaque matin, après la messe, Kolbe préparait ses compagnons au pire. Le 19, des camions allemands vinrent prendre livraison de ce reliquat de réfractaires à l'exode, à l'exception de deux d'entre eux, autorisés, par grâce, à ne pas abandonner les blessés. Une photographie, prise par l'un de ces nombreux soldats de la Wehrmacht qui ne manquaient jamais une occasion d'enrichir leurs albums avec les mauvais souvenirs des autres, nous montre une maigre colonne de frocs et de chapeaux noirs sortant de Niepokalanow avec, à sa tête, un malade appuyé sur une canne : Kolbe, qui allait vers l'inconnu comme on va en mission, et pour une fois, disait-il, sans avoir à payer les frais du voyage.

Les camions s'arrêtèrent à Czestochowa, dans la grande allée qui mène au sanctuaire, ce que l'on considéra comme une faveur, sinon une promesse du destin. Six cents prisonniers civils rejoignirent les frères, et les soldats poussèrent tout le monde dans un train, à destination de l'Allemagne. On arriva cinq jours plus tard, avec une réputation d' « arracheurs d'yeux » fournie par la propagande nazie, devant le village de tentes, les barbelés et les miradors du camp d'internement d'Amtitz. La déportation éliminatoire n'avait pas encore atteint son stade industriel, mais le régime du camp, s'il n'était pas délibérément exterminateur, était déjà passablement dégradant. Les prisonniers, affamés, pataugeaient dans la boue, couchaient sur la paille et luttaient contre la vermine, les idées noires et l'inculpation farce d' « arracheurs d'yeux », qui rendait le gardien méfiant.

Kolbe ne cessait de fortifier leur foi, sans se douter qu'un jour on débattrait savamment de la sienne, et comme il avait peu de sommeil, il allait la nuit arranger les couvertures des dormeurs, que sa sollicitude réveillait parfois, et qui s'étonnaient de le voir si humblement attentionné. Mais pour lui une minute de veille n'était pas une minute à perdre. Sa seule crainte était de laisser passer une occasion de charité qu'il ne retrouverait pas au ciel, où l'on ne peut plus, disait-il, souffrir pour l'amour, et telle est bien l'unique appréhension des saints.

Il annonçait à ses compagnons leur libération prochaine par les bons offices de l'Immaculée, et ils l'écoutaient les pieds dans l'eau, le ventre creux, avec une confiance mitigée par les premières gelées de l'automne. Après leur avoir remonté le moral, il allait parler de leur âme aux soldats et à leur chef, qui n'était pas insensible, paraît-il, au langage de la foi. Puis on les embarqua vers un autre lieu d'internement, plus proche de leur patrie et situé dans la localité allemande de Schildberg devenue depuis polonaise par l'effet de l'un de ces déplacements latéraux auxquels est sujette la géographie de la Pologne. C'était un couvent de salésiens, expulsés, ou emprisonnés ailleurs. L'abri était moins précaire que les tentes d'Amtitz, mais le régime n'était pas meilleur, et la calorie officielle toujours aussi rare.

Toutefois le commandant, pasteur dans le civil,

n'était pas un geôlier intraitable et il permettait de temps en temps aux prisonniers d'aller chercher un peu de ravitaillement en ville, sous la surveillance de deux soldats. Au fond, et ses lettres en témoignent, il était très impressionné par le père Kolbe. Celui-ci poursuivait tranquillement sa mission et réitérait ses prophéties optimistes, qui finirent par se réaliser. Un matin de décembre, le commandant réunit trois cents de ses internés, parmi lesquels nos franciscains, pour les informer qu'ils allaient être renvoyés chez eux. Puis il s'avança vers Kolbe pour lui offrir en grande cérémonie, et comme on remet une décoration sur le front des troupes, ce qu'il avait de meilleur chez lui : deux cents grammes de margarine. En échange de ce viatique, il reçut aussitôt une médaille miraculeuse dont il ne se sépara plus, mais qu'il commit l'erreur de ne pas porter au cou. Elle fut volatilisée vers la fin de la guerre, avec ses bagages, par un obus américain privé de discernement.

Et ce jour où les fidèles de Marie virent s'ouvrir les portes de leur prison était un 8 décembre, fête de l'Immaculée Conception.

Après quelques détours ferroviaires, Kolbe et ses compagnons retrouvèrent Niepokalanow. A l'entrée, la statue de Marie gisait sur le sol en tronçons épars. L'église avait été saccagée, les locaux pillés, à l'exception de quelques machines vétustes et de quelques meubles démantibulés. Les frères, consternés, regardaient Kolbe en se demandant quelle serait sa réaction devant son œuvre ravagée. Mais il tirait déjà des plans pour sa restauration. Sa plus belle œuvre, et qui celle-là ne pouvait être anéantie, ce n'était pas son couvent, c'était lui-même.

23.

LE SURSIS

Bien entendu, il n'avait été donné aux déportés provisoires aucune explication sur leur internement. En même temps qu'eux, des milliers de prêtres avaient été arrêtés dans toute la Pologne par l'occupant, qui voulait occuper à l'aise, sans avoir à se méfier de ces individus qui avaient la propriété d'entretenir chez leurs compatriotes une espérance contraire au règlement de la guerre totale. Si quelques-uns avaient été libérés, c'était soit que l'armée solidement établie sur le terrain ait été persuadée qu'elle n'avait plus rien à craindre d'eux, soit que par un calcul plus retors, les services de sécurité aient pensé qu'ils constitueraient autour d'eux des foyers de résistance plus faciles que d'autres à localiser.

La correspondance de Kolbe, interrompue par cette pénible excursion dans les barbelés qui poussaient comme du chiendent sur les territoires du Reich, reprend dès le mois de décembre 1939 avec une lettre « à l'officier du district allemand de Sochaczew » dont dépendait Niepokalanow : il demande à ce personnage qui cumule tous les pouvoirs l'autorisation de reprendre la publication du *Chevalier*, ce qui implique la levée des scellés apposés sur les vieilles machines dédaignées par les pillards du couvent. Les raisons qu'il avance débusquent les motifs profonds de l'espèce de neutralité politique, toute apparente, qu'il va observer pendant le peu de temps qu'il lui reste à vivre. « Le but de cette revue, écrit-il (au crayon, le texte définitif devant être traduit en allemand), est uniquement la diffusion parmi les âmes de l'amour et de la dévotion envers l'Immaculée. Nous croyons fermement qu'elle vit au paradis et qu'elle aime toute âme de cette terre, mais toutes ne connaissent ni ne se rappellent son amour comme elle le mérite. [...] Nous désirons parler à toute âme vivant en ce monde et en toutes les langues, pour décrire les grâces qu'elle verse dans les cœurs. [...] Jusqu'ici, *le Chevalier* n'est publié qu'en latin, polonais, italien et japonais, tandis que les feuillets d'inscription à la milice mariale sont imprimés en treize langues, c'est-à-dire en polonais, anglais, arabe, tchèque, latin, flamand, hollandais, japonais, français, letton, allemand, portugais, italien ; toutefois, avec le temps, nous ne voudrions omettre aucune des langues parlées le plus communément sur la terre. [...]

« *Le Chevalier* est au service exclusif de l'amour,

et si d'aventure il venait à manquer si peu que ce soit à la charité chrétienne, assurément ce serait contraire à l'esprit de la " milice " et aux intentions des supérieurs de notre ordre.

« La politique ne fait pas partie des buts de la " milice ", comme le démontre le statut ci-joint ; par conséquent *le Chevalier*, qui est sa revue officielle, ne s'en occupera pas non plus. »

Pour lui, la seule chose à sauver en ce monde où l'on voyait de plus en plus distinctement l'épouvantable gueule de Moloch surgir des ténèbres d'une nouvelle barbarie, c'était l'amour, qui vit de foi comme la haine se nourrit d'elle-même. Cet amour qui vient de Dieu, et sur lequel nul ici-bas n'a le moindre pouvoir, devait établir entre les cœurs purs un réseau de complicité semblable à celui qui liait entre eux les chrétiens des catacombes. Voilà pourquoi Kolbe n'a pas fait de Niepokalanow un centre de résistance politique, qui eût été réduit en un quart d'heure après avoir été amené, sans doute, à sacrifier de temps en temps l'Evangile à l'efficacité. Dans cette Pologne une fois de plus concentrée dans sa foi comme le corps du Christ peut l'être dans un fragment d'eucharistie, sa ligne de résistance passait par les âmes aimantes, transcendait le malheur et l'oppression des envahisseurs qu'il appelait ironiquement « nos hôtes ».

Trois mois plus tard, il renouvelle sa demande auprès du même officier, avec de nouveaux arguments : « Dans cent ou deux cents ans, vous et moi ne vivrons plus. Alors seront réglés tous nos problèmes, y compris les plus importants, et il n'en restera qu'un : existerons-nous encore à ce moment, et où ? Serons-nous heureux ? Il en va de même pour tous les hommes. Chaque heure nous rapproche de ce moment. Notre revue traite des problèmes de ce genre. » Il explique ensuite que « la très sainte Vierge Marie n'est pas une fable, mais un être vivant qui aime chacun d'entre nous ». Seulement, elle et son amour ne sont pas assez connus. Il n'éprouve, dit-il, de la haine pour personne sur cette terre, et ce sentiment est inconnu dans son couvent ; si l'on tient à s'en assurer, que l'on vienne le visiter.

L'officier du district classe la lettre. La Vierge Marie ne fait pas partie de ses administrés, et il n'est pas curieux de savoir où il sera dans cent ans.

Le 21 mai 1940, Kolbe écrit aux frères dispersés de Niepokalanow : « Chers fils. [...] Un seul acte de parfait amour fait renaître l'âme. [...] En pratique, ce n'est pas si difficile, puisque le principe d'un tel acte est l'amour prêt au sacrifice ; cherchons à plaire à l'Immaculée en payant de notre personne, sans souci de la récompense ou de la punition. » Suit un résumé des activités nouvelles de Niepokalanow.

En attendant une autorisation de publier, qui ne vient pas, Kolbe a transformé son « couvent éditorial » en centre de soins, d'assistance aux populations environnantes, d'hébergement des réfugiés, de réparations mécaniques et de productions alimentaires. L'infirmerie reçoit chaque jour soixante ou soixante-dix personnes, fournies en médicaments par la petite pharmacie du couvent, ou recueillies par l'hôpital installé dans le bâtiment du réfectoire. L'atelier de mécanique répare les machines et les instruments agricoles des paysans d'alentour. L'atelier de menuiserie fabrique des tables, des chaises, des bancs, des escabeaux, des boîtes pour les œufs, des canots pour le département des communications. Les religieux tailleurs font des habits neufs, les religieux cordonniers ressemellent les vieilles chaussures, ou en fabriquent de neuves. Les frères cuisiniers préparent, trois fois par jour, les repas de mille cinq cents réfugiés, qui mangent le pain de la boulangerie et occupent presque tout le couvent. Les frères maraîchers plantent des choux, des tomates, des concombres et des pommes de terre dans la moindre bande de terrain cultivable. On répare les horloges, on fait du fromage, et comme il n'est pas question d'oublier ce pourquoi l'on est entré au couvent, et qu'il est impossible de se procurer ce précieux article

212

ailleurs, on moule en plâtre des statuettes de l'Immaculée, sans laquelle on ne sait pas trop ce que l'on ferait sur cette terre.

Au début de l'été 1940, les démocraties occidentales ont perdu l'armée française, détruite ou prisonnière, et l'Angleterre, seule, fait face à Hitler, avec l'aide de quelques volontaires réchappés des désastres militaires du continent et réfractaires à la résignation. Le drapeau nazi flotte sur huit capitales, avec son insigne noir en forme d'engrenage fatal. En Pologne, il n'y a plus d'autre loi que celle du vainqueur, qui met lentement en place son dispositif de mise à mort ou d'asservissement des vaincus. A Niepokalanow, Kolbe, — il n'est guère plus possible de le décourager que de le réduire à l'inactivité — dirige, assez souvent du fond de son lit de malade, les cent religieux de la nouvelle entreprise qu'il a montée sur les débris de l'ancienne. Ce petit franciscain que l'on aura méconnu si longtemps aurait pu prendre le phénix pour emblème. Démolissez son œuvre, elle renaîtra le lendemain sous une autre forme. Restreignez le périmètre de son action, il agira en profondeur ; fermez son imprimerie, il ouvrira une cantine ; faites-le taire, ses mains généreuses diront ce que sa bouche ne peut plus dire ; interdisez-lui d'exprimer sa foi, il cultivera l'espérance, et la charité qui passait par ses écrits passera par son hôpital.

Durant l'année 1940, le système Kolbe de récupération de l'amour en déroute fonctionne à plein régime. Dès le mois de décembre 1939, d'ailleurs, il avait été en mesure d'accueillir 3 500 expulsés de la région de Poznań Parmi eux, 1 500 réfugiés de confession juive. Après la guerre, mieux valait ne pas parler aux survivants de « l'antisémitisme » de Kolbe : Niepokalanow avait été, sur cette terre, leur dernière halte de douceur et de fraternité. Vis-à-vis des juifs, la seule erreur de Kolbe aura été de se laisser impressionner quelque temps par un faux, le « Protocole des sages de Sion », prétendu pacte international d'accaparement du pouvoir conclu entre des conjurés juifs imaginaires. En son temps, beaucoup de gens avaient été abusés par cette forgerie — qui ne l'a jamais empêché de recevoir les juifs à bras ouverts, ou de leur courir après pour leur rappeler les droits et devoirs de leur élection. Ceux de Niepokalanow, en tout cas, ont témoigné par écrit de leur reconnaissance.

L'occupant se sert du complexe Kolbe comme d'une institution de bienfaisance doublée d'une gare de transit et lui envoie du monde, des Polonais, juifs ou catholiques, et aussi des *Volksdeutschen*, c'est-à-dire « des expatriés de langue allemande récupérés dans les pays conquis et que l'on regroupe avant de les ramener en Allemagne, ou de les établir sur les terres annexées ». Kolbe en profite pour obtenir des bons de ravitaillement et la permission de rameuter des religieux dispersés. Lorsque leurs ressources sont épuisées, les frères parcourent la campagne, et mendient, pour ceux qui n'ont rien, auprès de ceux qui n'ont pas grand-chose. Tous ces « réfugiés », Kolbe, dans ses lettres, les appelle par leur nom : ce sont des déportés, à l'exception, encore n'est-ce pas sûr, des *Volksdeutschen*. Il n'y avait d'hésitation, pour l'heure, que sur leur destination.

Les mois passent, et l'autorisation de publier un numéro du *Chevalier* arrive enfin. Tiré sur les vieilles machines dédaignées par les spoliateurs du couvent, il paraîtra pour la fête mariale du 8 décembre, avec trois textes de Kolbe. Le premier est un propos d'éditeur définissant les intentions de la revue et proposant, avec un optimisme résolu, des abonnements ayant la particularité d'être gratuits pour ceux qui ne pourraient les payer. Le deuxième chante la gloire de Marie à l'occasion de la fête de l'Immaculée Conception, date souvent marquée, dans la vie de Kolbe, par un événement heureux — ou malheureux. Le troisième texte, intitulé « La Vérité », est une sorte de message chiffré à lecture transparente. On peut le prendre pour un exposé inoffensif sur les bienfaits du principe d'identité (« A est A »), je ne peux pas affirmer une chose et la nier en même

215

temps, et quand il se trouverait d'innombrables contradicteurs pour soutenir le contraire, la vérité n'en serait pas affectée, car elle est puissante, comme elle est unique ; nul ne saurait la changer, on peut seulement la chercher, la trouver, la reconnaître et lui conformer sa vie ; le bonheur, que tout homme cherche en ce monde, ne peut être construit que sur elle ; sans elle, il n'est pas plus durable que le mensonge — et cela vaut aussi bien pour chaque personne que pour l'humanité entière. Ces évidences édifiantes, et de l'apparence la plus anodine, allaient tout droit contre les principes premiers du système nazi qui reposait, comme tous les régimes totalitaires, sur l'indifférenciation statutaire du vrai et du faux, et la convertibilité permanente du bien et du mal.

L'officier de district n'aura sans doute pas tardé à regretter son autorisation. Cet article de Kolbe sera le dernier de sa vie.

24.

L'ARRESTATION

Après quelques mois de séjour à Niepokalanow, certains de ses hôtes au statut indécis étaient autorisés à rentrer chez eux ; d'autres étaient assignés à résidence dans telle ou telle région de leur pays ; les plus malheureux étaient envoyés dans des camps dont on savait qu'il y avait lieu de s'effrayer, sans savoir encore précisément pourquoi. La vérité sur les camps de concentration nazis était mal connue. L'auteur de ces lignes, interné par la Gestapo dans la « baraque aux juifs » au fort Montluc à Lyon, et qui était aussi bien renseigné sur les méthodes nazies qu'on pouvait l'être, s'imaginait encore en 1943, comme tous ses compagnons de captivité, que les camps étaient des espèces de prisons de plein air, le travail en plus, les fusillades en moins. Les juifs emmenés en déportation pensaient échapper aux massacres d'otages qui dépeuplaient périodiquement la « baraque », et quittaient celle-ci avec les illusions du détenu croyant le bagne préférable à la centrale.

Tandis que Kolbe, avec l'aide de frères de plus en plus nombreux, s'acharnait à consolider son œuvre, l'occupant s'employait de son mieux à la dénaturer. Des munitions furent entreposées dans l'un des bâtiments, ce qui donna un bon prétexte à renforcer la garde des autres. La Gestapo, soupçonnant les réfugiés de manquer de reconnaissance à l'égard du Reich, faisait de fréquentes incursions au couvent et y introduisait des agents, tôt repérés, qui tissaient les rapports nuisibles que l'on attendait d'eux. Kolbe priait pour eux et leur accrochait des médailles, comme aux soldats de garde. Saint François d'Assise prêchait aux oiseaux ; il prêchait aux aigles allemandes, avec un succès inégal. Vinrent des journalistes du quotidien allemand de Varsovie, qui furent reçus poliment, goûtèrent la soupe, repartirent et publièrent un article dénonçant Niepokalanow comme un nid de résistance politique. Un officier d'administration du district survint un jour avec sa maîtresse et poussa cette dame bariolée dans la chambre de Kolbe, comme l'entourage de saint Thomas d'Aquin lui avait délégué une déniaiseuse professionnelle pour l'arracher à la métaphysique et le ramener à des divertissements plus courants chez les jeunes gens de son âge. Saint Thomas avait mis la créature en fuite avec un tison enflammé. Cette fois, la tentatrice en fut quitte pour un sermon et l'entremetteur pour un cours de philosophie sur le célibat ecclésiastique. Une autre visite pouvait avoir plus de conséquences, et peut-être les a-t-elle eues. Au cours de l'été, des émissaires du district, mandatés par les autorités de Varsovie, tirant argument de la consonance germanique de son nom et de sa connaissance de la langue, lui proposèrent la citoyenneté allemande. Qu'il acceptât, et il devenait un *Volksdeutscher*, l'un de ces ressortissants extrinsèques qu'il lui arrivait d'héberger dans son couvent. Il serait à l'abri des arrestations arbitraires, il obtiendrait toutes les facilités administratives pour continuer son œuvre et son immunité relative pourrait s'étendre à tout le couvent. Mais on se souvient que Kolbe, enfant, pleurait à chaudes larmes quand ses petits camarades le taquinaient sur son patronyme qu'ils trouvaient trop allemand pour être polonais. Les émissaires, qui ne comprenaient pas que l'on pût hésiter à passer de la situation d'occupé à celle d'occupant, eurent la surprise de l'entendre rejeter leur offre.

Pour l'Avocat du diable, ce bon réflexe patriotique n'est pas à prendre en compte dans un procès en béatification.

A plusieurs reprises, lors du retour d'Antitz, ses compagnons l'avaient supplié de saisir les occasions de prendre la fuite que fournissaient les imprévus du voyage. Ils le voyaient plus menacé qu'aucun d'eux par sa fragilité physique, et par les responsabilités qui le mettaient en évidence. Ils le croyaient indispensable à l'ordre, à l'Eglise, à leur propre espérance, et son insistance à répéter qu'il ne verrait pas la fin de la guerre les effrayait. Mais ce qu'ils appelaient évasion, il l'appelait abandon de poste. Il n'y songeait pas.

Durant ses trois derniers mois de liberté, l'oppression ne fait pas dévier sa course spirituelle d'une ligne, et le ton de ses lettres ne change pas. Imperturbable, il y parle de tout d'une humeur égale :

« Il me semble que nous ne pouvons consentir un prêt ni prendre un gage à ceux qui nous demandent une aide : ce dont ils ont besoin nous devons, si possible, le leur donner.

« Laissons faire la divine providence. [...] Beaucoup, qui autrefois nageaient dans l'abondance et ne songeaient guère à l'éternité, se préoccupent un peu plus de leur âme maintenant qu'ils sont devenus pauvres.

« La vie en ce monde n'est pas longue. Il s'agit seulement de bien se préparer à l'éternité. Ce grain de poussière dans l'univers que l'on appelle la terre aura son terme, et tous les problèmes finiront avec lui.

« Ne vous préoccupez pas de votre chevelure. Notre père saint François d'Assise ne se promenait pas avec un peigne et un miroir en poche. On ne l'imagine pas non plus avec une cigarette à la bouche.

« La consécration à Marie est faite pour les cœurs intrépides et qui ne craignent ni l'adversité ni les trahisons, car il n'y a pas de représentation de la Vierge Marie où l'on ne voie le Serpent sous ses pieds.

« Face à la souffrance et à l'humiliation, la nature s'effraie, mais, à la lumière de la foi, comme elles doivent être accueillies avec reconnaissance pour la purification de notre âme !

« Au milieu de la tempête, extérieure ou intérieure, le calme est nécessaire. Les apôtres en ont manqué alors que la bourrasque soufflait sur la mer de Tibériade, et le Christ les a réprimandés pour leur peu de foi.

« Le problème de l'épluchage des patates a été résolu. (Les Allemands faisaient éplucher, par chaque religieux, soixante patates par jour... Kolbe a probablement inventé un appareil.)

« Très chère maman ! J'essaie d'obtenir l'autorisation d'imprimer en février (1941) un nouveau numéro du *Chevalier*.

« J'avais songé à insérer mes os dans les fondations de la Niepokalanow japonaise. Mais qui sait

où l'humanité voudra que je les laisse un jour ?
« Très Révérend Père, [...] quant à la formation
(des jeunes religieux) [...] le système du bâton ne
me convient guère. Dans toute la nature, le développement de la vie se fait plutôt par le soleil et la
rosée. [...] »

« En ce moment, nous sommes principalement
pris par les travaux manuels, pour aider les
habitants des environs, surtout les plus pauvres. »
Enfin, à Cornélius Kaczmarek, adresse :
Dachau :

« Tu es en vie, merci à Dieu et à l'Immaculée. »
Suit une description des divers secteurs d'activité
de Niepokalanow, où s'est installée depuis quelque temps une antenne médicale de la Croix-
Rouge pour les prisonniers de guerre polonais.

C'est sa dernière lettre d'homme libre, ou plûtôt
d'homme en liberté surveillée.

Son refus d'accepter la citoyenneté allemande,
les rapports des espions, justifiant par des mensonges la confiance que leur faisait la police, ne
pouvaient rester sans effet. La Gestapo, qui se
défiait d'une œuvre charitable dont l'animateur
déclinait les honneurs de l'intégration au grand
Reich, convoqua un frère exclu depuis peu de
Niepokalanow pour avoir eu l'idée malencon-
treuse d'y fabriquer de la fausse monnaie, l'inter-
rogea sur d'imaginaires menées subversives du

père Kolbe et lui fit signer un procès-verbal disant en allemand, langue qu'il ne parlait pas, le contraire de sa déclaration en polonais : c'est du moins ce que ce témoin, par la suite, a toujours prétendu. Quoi qu'il en soit, sa déposition falsifiée ou non devint une redoutable pièce d'accusation contre Kolbe.

Par ailleurs, en février 1941, Hitler préparait sa grande offensive contre la Russie, qui devait avoir lieu en mai et fut retardée par une bévue de Mussolini, car sa boulimie de conquêtes l'avait précipité dans le guêpier grec, où son armée eût péri sans le secours des troupes allemandes. Mais pour être différé, l'assaut contre Staline n'en était pas moins proche et Hitler tassait méthodiquement sous ses pieds la terre et les habitants de la Pologne pour y manœuvrer à l'aise, tandis que de l'autre côté de la ligne de partage Staline remplissait d'officiers polonais les fosses de Katyn. Les deux plus grands menteurs de l'histoire contemporaine étaient face à face. Chose étrange, le menteur oriental, qui se méfiait de tout le monde, accordait crédit au chiffon de traité signé par ses soins avec le menteur occidental, qui mentait au point de lui inspirer confiance ; il ne croyait pas aux rapports lui annonçant une imminente avalanche de blindés.

Pour Hitler, il s'agissait d'assurer les arrières de sa future campagne de Russie, et de rendre la Pologne totalement inoffensive, non seulement

par la répression brutale de ses derniers soubre-
sauts et par l'éloignement des populations
gênantes ou suspectes, mais aussi par l'élimina-
tion préventive de tous ceux qui pourraient, un
jour ou l'autre, susciter ou attirer d'éventuels
mouvements de résistance : les élites en général,
en particulier les intellectuels et les prêtres.
Parmi eux, Kolbe. Entre 1939 et 1945 cette politique, complétée par celle de Staline, tuera six
millions de Polonais, juifs et catholiques.

Le soir du 16 février 1941, veille de son arrestation, Kolbe entretint un petit groupe de jeunes
disciples du bonheur d'être appelé à verser son
sang pour son idéal. Il eut ensuite une longue
conversation avec cinq frères des premiers temps
de Niepokalanow et ils partagèrent une galette,
comme le pain avait été partagé entre les apôtres
au cénacle. Puis il regagna sa cellule, et ne dormit
pas. Presque aussi sûrement que le Christ la veille
de sa passion, il savait que l'heure était venue.

A 2 heures du matin, il réveilla un frère, et pria
dans sa cellule avec lui.

A 4 heures, un autre frère reçut sa visite, et
remarqua la pâleur de son visage.

Cette nuit-là, dit l'Evangile, au mont des Oli-
viers, en un lieu appelé Gethsémani, Jésus qui

priait à l'écart des disciples revint vers eux, les trouva endormis et leur dit : « Mon âme est triste jusqu'à la mort. » Puis il s'éloigna pour prier, revint encore une fois et, les trouvant de nouveau endormis, il leur dit : « Ne pouvez-vous veiller une heure avec moi ? »

Au petit jour, une descente de police lui fut annoncée de Varsovie, où il avait des amis jusque chez l'ennemi.

Il mit sa robe franciscaine des dimanches, expédia quelques affaires courantes avec un secrétaire et attendit.

Au milieu de la matinée, le frère portier le prévint par téléphone qu'un cortège de voitures noires était entré à Niepokalanow. Il reposa l'appareil, et murmura : « Bien, Marie. »

Les policiers le trouvèrent sur le pas de sa porte. Il dit : « Loué soit Jésus-Christ », comme le voulait la politesse des couvents. Après s'être assurés de son identité, ils eurent la surprise de s'entendre proposer une visite des ateliers. Ils acceptèrent. La visite terminée, ils lui signifièrent son arrestation, réclamèrent cinq autres frères et n'en obtinrent que quatre : le cinquième, que l'on croyait à Varsovie, était dans sa chambre, où l'on n'eut pas l'idée d'aller le chercher.

Au moment où les prisonniers montaient dans les voitures, un frère s'approcha de Kolbe et lui remit un peu de pain beurré dans un sac en papier. Un autre, beaucoup plus jeune, demanda la permission de l'accompagner. Les policiers lui dirent que c'était inutile, qu'il allait revenir bientôt.

Lorsqu'ils partirent, les frères collés aux carreaux virent Kolbe leur faire un petit signe amical.

Alors, dit l'Evangile, Il fut livré aux soldats pour être flagellé.

25.

PAWIAK

On ne sait si le père Kolbe fut mieux informé des motifs de son arrestation la deuxième fois que la première. Il n'existe aucun procès-verbal d'interrogatoire, et il semble que la Gestapo, lors de son incursion à Niepokalanow, ne lui ait posé de questions que sur son enseignement : depuis peu, il était en effet interdit de former des prêtres en Pologne.

Il fut emmené avec ses quatre compagnons à la prison de Pawiak, monument carcéral aussi environné de crainte à Varsovie que la Loubianka peut l'être à Moscou, et jeté avec eux dans une salle commune où une trentaine de détenus estropiés ou lacérés attendaient d'être jugés, avantage douteux, déportés, ou achevés par la police. Puis on les sépara, et ils furent enfermés dans différentes parties de la prison.

Que ce soit en salle commune ou en cellule, Kolbe était Kolbe. Plus préoccupé des autres que de lui-même, il vivait son incarcération comme une affectation providentielle, acceptée sans une plainte, avec le seul souci de faire pousser un peu d'espérance dans ce décor stérile.

L'administration pénitentiaire autorisant les prisonniers à donner de leurs nouvelles, à condition qu'elles soient bonnes et rédigées en allemand, Niepokalanow reçut six lettres de lui, l'une d'elles étant un simple feuillet imprimé où l'expéditeur n'avait plus qu'à mettre son nom et sa signature :

« 24 février. Veuillez envoyer à chacun de nous, dans une boîte en carton : une chemise, une paire de caleçons, deux paires de chaussettes, deux petites serviettes, deux mouchoirs, une brosse à dents et du dentifrice. Ces cinq paquets, adressés à chacun séparément, devront être déposés au VIIe commissariat, rue Krochmalna. Auprès du nom du destinataire, écrire les noms de ses parents (censément les expéditeurs). Je vous prie d'envoyer également à chacun un mandat de 10 zlotys (pour les timbres). »

« 13 mars. Cher fils (son remplaçant à Niepokalanow), j'ai reçu la carte postale du 4 mars et un deuxième paquet de blanchisserie. N'envoie pas d'articles de bureau, ni d'autres paquets, sauf sur ma demande expresse. Prends soin de ta santé. Tous les frères prient beaucoup, et bien, travaillent et ne s'attristent pas, car rien ne peut arriver sans que le bon Dieu et la Vierge Immaculée le sachent et le permettent. »

« 2 avril. Cher fils, merci pour ta carte du 22 mars. J'avais reçu auparavant une carte du frère Arnold, à qui j'avais déjà répondu. L'argent aussi est arrivé. Je remercie la Vierge Marie de ce que tout va bien de votre côté, et que tous s'efforcent de bien remplir leurs devoirs. Depuis quelque temps je me trouve à l'infirmerie à cause de la fièvre. Le frère Batosik (il mourra à Auschwitz) a eu la pneumonie avec une forte fièvre, mais maintenant il va bien, quoiqu'il soit affaibli. Pour les colis de vivres de Pâques, s'informer au VIIe commissariat de la police polonaise. Ils devront être adressés séparément à chacun, parce que nous ne sommes pas ensemble. Il serait souhaitable que nous recevions deux ou trois cartes postales, pour que nous puissions répondre. Mes plus cordiales salutations à tous, avec l'instante demande d'une prière. »

« 1er mai. (C'est le feuillet imprimé.) Il m'est permis de recevoir des colis de vivres de cinq kilos deux fois par mois. Ils doivent être déposés au VIIe commissariat de police, rue Krochmalna, n° 56, le 5 et le 20 de chaque mois, de 12 heures à 18 heures. Présenter ce papier au bureau. »

« 1er mai. Bien chers. J'ai reçu le colis de Pâques, de même que les cartes des frères Freilich, Ivo et Arnold. Merci. Je me réjouis que vous ayez beaucoup de travail. En soient remerciés Dieu, la Vierge immaculée, cette mère aimante qui aura soin de ses enfants, à l'avenir comme par le passé. J'ai déjà quitté l'infirmerie, mais je reçois encore les rations de l'hôpital. Actuellement, je suis affecté à la bibliothèque. Aujourd'hui commence le beau mois de mai, dédié à la mère de Dieu. J'espère que vous ne m'oublierez pas dans vos prières. »

Dernière lettre :

« 12 mai. Bien chers, envoyez-moi des vêtements civils. J'écris cela sur l'ordre du commandant. Manteau et pantalon ne sont pas nécessaires, ceux que j'ai sont encore en bon état. Faites-moi parvenir une tenue de travail (chaude) avec un gilet à col boutonné, un châle ou une écharpe. Très urgent ! J'ai reçu votre colis du 5 et les lettres des frères Félix et Pélage. L'Immaculée vous récompensera. Je ne peux répondre à chacun en particulier, parce qu'il ne m'est pas permis d'écrire plus souvent, mais dans mes cartes je fais mention de toute lettre, carte ou paquet reçu de vous. Laissons-nous conduire toujours plus docilement par l'Immaculée où qu'elle veuille, afin qu'ayant bien rempli nos devoirs, toutes les âmes soient conquises à son amour. Salutations cordiales et vœux à tous et à chacun. » Il signe « Raymond Kolbe », conformément à l'état civil. Il n'est pas le père Maximilien pour la police allemande.

Entre-temps, vingt frères de Niepokalanow avaient écrit à la Gestapo pour lui proposer de prendre la place de Kolbe en prison. Ils se déclaraient prêts à prendre sur eux toutes les charges qui pouvaient peser sur lui, comme à en supporter les conséquences. Innocence des cœurs purs. La Gestapo ne pouvait que rejeter l'offre et resserrer ses griffes sur la prise que l'on tenait tant à lui arracher.

Il fut battu. Un *Scharführer*, c'est-à-dire « un sergent », appartenant sans doute à l'espèce hybride du *Sicherheitsdienst* ou « service de sécurité », croisement de SS et de Gestapo, se rua un jour sur Kolbe, empoigna le rosaire qu'il portait à la ceinture et lui demanda en montrant le crucifix s'il y croyait vraiment. Kolbe lui ayant répondu : « Oui », il le frappa au visage. Puis il répéta sa question à plusieurs reprises, et, comme il obtenait chaque fois la même réponse, il frappait chaque fois. Lorsqu'il fut sorti, les camarades de Kolbe, le voyant prier, s'approchèrent de lui pour le réconforter ; mais il leur dit de ne pas s'inquiéter de lui, que ce qui venait d'arriver n'était rien, qu'il supportait ces choses sans peine pour l'amour de Marie. Il reprit sa prière et, d'après les témoins, n'eût été son visage rougi par les coups, on eût dit, en effet, qu'il ne s'était rien passé.

C'est à la suite de cette scène qu'il fut ordonné à

Kolbe de se procurer des vêtements civils. Des incidents du même genre s'étaient déjà produits dans cette prison, où la vue d'un habit religieux faisait monter sous les casquettes nazies une haine délirante du prêtre.

Son ordre avait essayé plusieurs fois de le faire libérer, lui et ses frères de Niepokalanow ; mais les ordres religieux, en danger permanent de liquidation brusquée, n'étaient pas des interlocuteurs valables pour la Gestapo, qui se bornait à opposer à toutes les démarches le « témoignage » soutiré au frère faux-monnayeur et, selon lui, truqué par elle.

Au début du mois d'avril, les quatre compagnons de Kolbe éparpillés dans la cage de Pawiak avaient été déportés à Auschwitz. Il l'a probablement su, car une prison est une grande oreille, tous ses murs sont des tympans. Le 28 mai, ce sera son tour.

Alors, dit l'Evangile, les soldats Le chargèrent de la croix, et Le conduisirent en un lieu appelé en araméen Golgotha.

26.

AUSCHWITZ

J'en viens à l'impossible et à l'inexpiable, à la souffrance des innocents, au lointain sanglot des mères emportées par un orage de douleurs, à ces collines de chaussures ôtées à des enfants qui furent un sourire, puis une fumée ; j'en viens aux plaintes inutiles du désespoir et aux insultes à la création, à ces hectares funèbres de Caïn avec leurs passants silencieux de l'au-delà, qui errent dans notre mémoire, la bouche pleine de terre ; j'en viens à parler d'Auschwitz, plaine humide aux confins indécis, où la terre s'évapore, où le brouillard étire ses linceuls sur le souvenir de ces pauvres êtres qui tentèrent en vain de protéger d'une main décharnée leur dernière flammèche de vie, en respirant de plus en plus faiblement un air fait d'exhalaisons toxiques, et du dernier soupir des morts.

Là finissait l'humanité.

Un portail grillagé surmonté d'une banderole portant une espèce de ricanement de fer forgé : « Le travail, c'est la liberté », ouvrait sur la zone décolorée d'une immense manufacture d'anéantissement avec ses miradors, ses plantations de crosses de ciment et sa végétation de barbelés qui allaient se perdre au loin dans les brumes ou le nuage de suie des crémations.

Qui franchissait cette porte entrait en agonie. Au bout de quelques mois, il n'était guère plus qu'un crâne emboîté sur une pile de vertèbres, tendues de parchemin fripé, et ses yeux n'étaient plus qu'absence, cavités vides où brasillait une dernière étincelle de méfiance ou de terreur. Les rapports administratifs l'appelaient : une « tête ». C'était un ancien être humain, amené de réduction en réduction à l'état linéaire de croquis de squelette. Quelques-uns ne tenaient pas trois semaines, et s'éteignaient au premier coup de vent. Des femmes mouraient tout de suite, au débarqué de leur wagon de marchandises, effrayées par les chiens et les uniformes, suffoquées par le désespoir d'être séparées de leur enfant, de ne plus exister pour personne, d'être livrées, seules et dépouillées, à l'examen de prunelles qui n'appartenaient plus à notre espèce et qui avaient la fixité de l'œil de verre.

Et tout était mensonge, de l'inscription frontale empreinte de cette dérision qui sert d'ornement aux œuvres du mal, à l'estrade aux musiciens, face à celle des pendus. Les longs bâtiments dans les rues ne menant nulle part n'étaient pas des maisons, mais des conserveries de main-d'œuvre où le sommeil n'était que l'attente épuisée du jour, qui réveillerait le cauchemar. Les honnêtes petites casernes avec leurs bonnets de tuiles n'abritaient pas des soldats, mais des expéditionnaires du néant dressés par Heinrich Himmler, qui se félicitait un jour de cette commune accoutumance au massacre « qui les faisait différents des autres hommes » — avant de perdre connaissance lui-même devant une tuerie de détenus organisée tout exprès pour lui, comme on donne à un visiteur de marque une représentation de théâtre aux armées ; expérience qui l'avait incité à chercher des moyens d'en finir moins éprouvants pour les nerfs des exécuteurs. Ceux-ci, fiers d'une insensibilité acquise dans l'exercice quotidien du meurtre, devenaient en effet si « différents » que les sentiments qui font la noblesse et la fragilité des autres hommes leur étaient étrangers, et qu'ils croyaient dominer la condition humaine à mesure qu'ils s'enfonçaient au-dessous d'elle.

235

Mensonge encore, l'hôpital qui n'était pas un hôpital, mais un laboratoire de recherches médicales et chirurgicales saugrenues, une station d'emballage de défunts en sursis, attendant, rangés deux à deux, tête-bêche sur des lits étroits, que la nature, ou la « sélection » c'est-à-dire la seringue d'un médecin qui n'était pas un médecin, mît fin à leurs maux ; une fiction sanitaire destinée à entretenir chez le prisonnier l'illusion calmante que l'on n'en voulait pas systématiquement à sa vie, qu'il existait un refuge dans sa prison et qu'il avait une chance, sinon d'en réchapper, du moins de trouver, à l'horreur, une issue douce.

Mensonge, mensonge, les systèmes totalitaires qui ne supportent d'être contredits ni par la morale, ni par le sens commun, ni par la grâce, ni par la nature, se nourrissent de mensonge et d'holocaustes.

Les victimes ? Le juif, mystère vivant, peuple choisi, « christifié » par l'Incarnation et allant de calvaire en calvaire, pourchassé par ceux qui ne lui pardonnent pas d'avoir donné le Christ au monde ; le chrétien, qui n'avait pas voulu rendre à César ce qui est à Dieu ; l'incroyant, qui avait refusé d'obéir, de mentir et de se déshonorer au service des dieux immondes de la race et du sang ; le tzigane, impropre à l'esclavage, et tué pour

cela ; le fort, qui ne trichait pas avec sa conscience ; le faible, dont il n'y avait rien à tirer que
d'insupportables vestiges de dignité, et le métal
jaune d'une alliance ou d'une dent ; et des enfants,
des foules d'enfants juifs, qui n'avaient pas joué
bien longtemps sur la terre avant d'y être enfouis,
de force.

Le débat sur les voies et moyens de l'extermination est insensé, odieux et vain. Quelles sont donc
ces consciences qui n'ont pas conscience des
réalités, qui ne voient pas l'évidence, qui n'enten-
dent pas le gémissement qui revient aujourd'hui
encore avec le vent et fait frémir les peupliers
d'Auschwitz ? Tout, absolument tout, et non pas
seulement les fusils ou le zyklon B, menait le
prisonnier à la mort. La dénutrition, qui à la
longue faisait de lui un jeu d'osselets dans un sac
de peau. Les appels de plusieurs heures sous le
soleil, dont il était aussi impossible de se protéger,
debout, immobile, que des tourbillons de neige
qui s'engouffraient sous la casaque de toile et
enserraient le corps d'un froid mortel. Le travail,
qui n'était pas du travail, mais, au bénéfice des
industries établies alentour, une exploitation des
ultimes ressources physiques du condamné, uti-
lisé jusqu'à son dernier spasme musculaire. Les
mauvais traitements, qui le laissaient çà et là
écrasé sous les coups de bâton d'un chef de corvée,
ou « kapo », choisi dans la pègre du camp pour
son amoralité parfaite, ou le caractère avantageu-

sement hystérique de sa servilité. La maladie, qui ne pouvait que tourner mal, l'épidémie, qui ravageait les baraquements sans rencontrer d'opposition.

Et surtout, surtout, la lente et minutieuse dégradation de la personne, dépossédée de son nom en échange d'un numéro gravé sur son avant-bras, pour qu'elle ne pût nier son servage si elle venait à trouver une sortie dans sa forêt de ronces électriques ; la personne interdite d'avenir, racines arrachées, sa mémoire n'étant plus qu'un foyer de souffrances, harcelée par le mépris, la violence et la peur, accrochée à son corps comme à une épave entraînée chaque jour un peu plus vers l'abîme : c'était la personne, cette promesse d'éternité dans l'homme, qu'il fallait faire disparaître.

Et le crime ne commençait pas, comme d'aucuns semblent le croire, sur le seuil de la chambre à gaz, ou au bord de la fosse commune — il ne commençait pas avec les premières cruautés du camp ou les coups de seringue des pseudo-médecins affiliés aux têtes de mort du gardiennage SS, mais beaucoup plus tôt. A vrai dire, il était consommé, devant Dieu et devant la morale, dès l'arrestation d'une famille dont on savait très bien la destination. Les individus qui allaient porter la main sur des enfants étaient déjà des assassins en montant l'escalier.

27.

LE MARTYRE

C'est là, dans cette enceinte de toutes les désolations, que Kolbe va mourir.
Et l'on se demande : « Est-il mort en martyr ? »
Trente-cinq ans après la guerre, la question sera posée au tribunal des saints. Pouvait-on décerner la couronne rouge du martyre au petit franciscain qui avait voulu sauver tous les hommes de toute la terre ?
Beaucoup le pensaient, en Pologne, en Allemagne, au Japon et ailleurs. Dans le style de Saint Louis restituant la Guyenne aux Anglais « pour mettre la paix entre les enfants de France et d'Angleterre », l'archevêque allemand Jaeger écrivait à Jean XXIII une lettre admirable, lui demandant de faire triompher la cause « pour notre intime et personnelle vénération envers le serviteur de Dieu, *mort martyr* de la charité chrétienne et de la foi catholique, et afin d'abolir

toute rancœur entre le noble peuple polonais et ma nation... »

Mais si les partisans de la proclamation du martyre étaient nombreux dans le monde, à Rome, ils étaient des plus rares.

L'Avocat du diable, prêt à céder sur la couronne blanche, se raidissait brusquement lorsqu'on lui parlait de couronne rouge.

La mort de Kolbe le laissait perplexe. Il lui semblait qu'elle avait été de celles qui font les héros, non les martyrs. Il admettait tout au plus qu'on lui élevât un monument, et l'on sent que, en ce cas, il eût été prêt à souscrire.

Les théologiens consultés n'étaient pas plus disposés à lâcher leur palme. Ils tournaient en rond dans la définition traditionnelle du martyre : « Un témoignage de foi, jusqu'à la mort infligée en haine de la foi », et ils ne voyaient pas comment on pouvait l'appliquer à Kolbe. La défense avait beau signaler que les persécuteurs d'aujourd'hui n'ont plus leur belle franchise d'autrefois, qu'ils ne disent plus au chrétien « Renie ton Dieu, ou meurs », et qu'ils s'arrangent à Le faire mourir pour d'autres motifs, menteurs là-dessus comme sur le reste, rien n'y faisait, les théologiens ne cédaient pas. La défense en venait à se demander s'il ne serait pas plus expédient de s'en tenir à la couronne blanche, qui pouvait s'obtenir sans grande difficulté.

Cependant Jean-Paul II, juge suprême, tenait à la couronne rouge.

Pour lui, les systèmes totalitaires sont « martyrogènes » par nature et par vocation. Ils placent les chrétiens, et en général tout homme libre, dans la même situation que le chrétien des temps anciens sommé d'adorer César divinisé. Le chrétien, ou tout homme libre qui n'y consent pas, et y perd la vie, est un martyr. Croyant, il meurt pour la personne divine du Christ, incroyant, pour la personne humaine — qui lui est apparentée.

Et quand on faisait observer à Jean-Paul II que dans ces conditions toutes les victimes des camps nazis avaient été des martyres, et pouvaient être vénérées comme telles, il ne disait pas non.

Il avait reçu avec intérêt les avis des théologiens, mais il était plus attentif encore à la voix des peuples, qui reconnaissent parfois les signes de Dieu plus tôt que les spécialistes. Il se prononça pour le martyre, au grand étonnement de Rome, et du tribunal qui juge les morts. A ses yeux, le sacrifice de Kolbe plaçait celui-ci bien au-dessus des débats. Fait-on le procès d'un cierge, consumé jusqu'à la dernière parcelle par sa flamme ?

Avant de faire connaître sa décision il était allé à Auschwitz, il était resté comme pétrifié sur le seuil du cachot où dix hommes avaient été condamnés à mourir de faim. L'un d'eux était un

241

volontaire : Kolbe. Qui pouvait douter qu'il fût un saint et qu'il fût un martyr, celui qui n'avait jamais vécu que pour les autres et qui un jour, comme le Christ, était entré librement dans sa Passion ?

28.

MORT DU SERVITEUR
DE DIEU

La dernière lettre de Kolbe est datée d'Auschwitz, le 15 juin 1941. A cette époque, certaines règles administratives étaient encore respectées au camp. On tenait registre des détenus, qui pouvaient écrire, et l'on envoyait parfois aux familles des avis de décès, officiels et mensongers sur les circonstances ou le diagnostic. Puis la mort, qui prenait en enfilade les trains, les rues, les blocs d'internement et les lits d'hôpital, emporta tout, les registres et les employés d'état civil, les comptables et les croque-morts. Et à qui eussent écrit les familles raflées jusqu'aux nourrissons, et d'ailleurs le plus souvent dirigées dès leur arrivée vers la « désinfection », mensonge servant d'enseigne aux locaux d'extermination ?

La lettre de Kolbe est rédigée en allemand sur vingt courtes lignes de papier réglé, précédées de quarante lignes d'instructions sur ce qui est permis (recevoir de l'argent, des journaux, à condition qu'ils soient « commandés par le bureau de poste d'Auschwitz ») et défendu (les colis, « les prisonniers pouvant tout acheter dans le camp » — mensonge supplémentaire —, les visites, requêtes et démarches) :

« Ma mère aimée,

« Vers la fin du mois de mai je suis arrivé avec un convoi au camp de concentration d'Auschwitz (Oświęcim).

« Tout va bien pour moi. Sois tranquille, chère maman, pour moi et pour ma santé, car le bon Dieu est partout et pense avec beaucoup d'amour à tout et à tous.

« Mieux vaut ne pas m'écrire ici, parce que je ne sais pas combien de temps j'y resterai.

« Salutations cordiales et baisers. Kolbe Raymond. »

Il s'est toujours montré, comment dire ? respectueusement attaché à sa mère. Dans les mille lettres que j'ai parcourues, je ne me rappelle pas avoir relevé la trace d'un baiser. Elle mourra deux ans après la guerre, avec le souvenir de cette tendresse, et la certitude paisible d'avoir donné au monde, et à l'Église, un témoin de la charité.

Tête rasée, vêtu de loques à rayures, il était devenu le matricule 16 670, mais tout le monde savait qu'il était prêtre. Les kapos qui le battaient ou qui lançaient leurs chiens sur lui le savaient aussi. Il y avait chez ces individus, et chez les SS, une aversion conjointe pour le prêtre et pour le juif qui les poussait à les persécuter ensemble comme les représentants d'une seule et même haïssable conscience religieuse. Il arriva ainsi qu'un prêtre étant mort, les gardiens le firent jeter sur une brouette et conduire au crématoire par un petit cortège de juifs et de « cochons de curés » contraints de chanter derrière un prêtre portant une étole de fumier et une balayette en guise de crucifix, cependant que le service d'ordre à gourdins improvisait des antiennes vociférantes sur le thème : « il n'y a pas d'autres dieux que nous ! ».

Il fut attelé à toutes sortes de travaux, harassants et parfois sinistres. Il eut à charrier des cadavres, en compagnie d'un codétenu qui avait été ministre de l'Education nationale dans un autre monde, qui frissonnait en empoignant les dépouilles et manquait de se trouver mal devant le gril du crématoire. Tout en épaulant le ministre, le 16 670 priait et bénissait dans le vent de la fournaise.

On vit ce malade creuser le sable humide de la Sole, la rivière qui longeait le camp, et sa pelle chargée devait être plus lourde que lui, pousser des brouettes de cailloux, coltiner de vieilles souches dont le poids le faisait chanceler, faiblesse coupable et punie sans délai : une corvée le

245

retrouva un jour battu à rendre l'âme et poussé sous les feuilles par ses gardiens. Il fallut le transporter à l'hôpital, en proie à la fièvre, le visage tuméfié. Il ne dit rien. On lui donna la dernière place libre, dans le courant d'air de la porte d'entrée. Il l'apprécia beaucoup. Elle lui permettait d'accueillir les malades avec une parole gentille et de prier au passage des morts.

Dans le camp peuplé d'ombres par la brume, dans les vingt-huit blocs, ces vingt-huit radeaux de la Méduse immobilisés au milieu des ténèbres, chacun menait avec précaution la délicate opération de sa survie. Il s'agissait d'éviter les efforts inutiles, les coups de vent et les coups de bâton, de faire durer vingt-quatre heures la tranche de pain noir qui constituait l'essentiel de la ration quotidienne. On avait surpris un procureur de la République, qui avait peut-être fait condamner des voleurs de poules, rampant la nuit pour chaparder du pain.

Au bloc 18, Kolbe occupait le rez-de-chaussée d'un châlit. Il pouvait ainsi, sans déranger personne, se lever pour aller tenir la main d'un mourant, ou recevoir la visite des naufragés qui ne supportaient plus leur tête-à-tête nocturne avec la mort et avaient besoin de s'entendre dire que la terre existait encore.

cadre de lit en bois ou en métal.

Douze rescapés, douze miraculés ont témoigné au procès. Tous décrivent le même homme aux yeux brillants, maigre à crever la toile pénitentiaire et qui se tenait la tête penchée sur l'épaule, constamment disponible et invariablement souriant.

Tous, juifs ou chrétiens, prêtres ou ministres versés dans les pompes funèbres l'ont vu comme indifférent à son sort, trop occupé des autres pour s'intéresser à sa propre personne, et ne voyant partout que plus malheureux, et plus à plaindre que lui.

« Ne vous inquiétez pas, disait-il à ceux qui pansaient ses plaies, je peux souffrir bien davantage. »

Il lui arrivait de partager son pain, et c'était alors sa vie, c'était son corps qu'il donnait.

On ne savait où cet être chétif et maltraité puisait sa force, où ce malade se procurait l'espérance qu'il distribuait autour de lui comme on donne la communion.

Sur cette manière qui était la sienne de souffrir en silence, et de paraître surpris quand on lui témoignait de la compassion après les brutalités dont il était fréquemment la victime, les douze miraculés sont unanimes.

Il avait été pour eux la colombe du déluge, et son procès en héroïsme a dû leur paraître une bien étrange formalité.

247

Il était tombé dans cette enceinte maléfique, où le réel se dissolvait dans le songe et l'épouvante, comme un inattaquable fragment d'absolu.

Il se nourrissait de tout ce qui lui était refusé, il se fortifiait de tout ce qui aurait dû l'abattre, et, tandis que l'on croyait l'humilier, il rendait son honneur à l'humanité.

Que pouvait-on contre lui ? Il vivait son internement comme une mission de confiance, avec la seule préoccupation de n'en être pas indigne.

Les captifs étaient prisonniers de la terreur régnante, et des infranchissables obstacles qui les séparaient du monde ; les kapos étaient prisonniers de leurs bas instincts, enchaînés à leurs chiens, et l'exubérance de leur sadisme ne parvenait pas à masquer leur frayeur de n'être pas égaux au mépris que leurs maîtres avaient pour eux ; les SS étaient prisonniers d'un entraînement à l'inhumanité qui les rendait sourds à tout gémissement, aveugles à toute souffrance, prisonniers de leur ceinturon, de leurs bottes et de leurs mensonges.

Le matricule 16 670, qui avait atteint cet ultime degré où l'abnégation confine à l'inaliénable et à l'éternel, était seul à se mouvoir sans entraves dans cette prison.

Il était seul à être libre.

« Un prince parmi nous », dit un témoin.

De loin en loin, il y avait des évasions, réussies ou manquées. On avait retrouvé un fugitif dissimulé, tout nu, dans une pile de cadavres. C'était, à Auschwitz, le moyen de passer inaperçu. Vers la fin de la guerre, les évasions furent assez nombreuses. La « solution finale du problème juif » retenait toute l'attention des entrepreneurs de décès, tandis que la multiplication des travaux et des corvées à l'extérieur du camp fournissait aux survivants de bonnes occasions de décrocher un vêtement civil et de gagner des complicités dans la population polonaise. Mais en 1941, l'évadé était une espèce assez rare. On peut se demander s'il ne s'agissait pas parfois d'un simple disparu, noyé dans les bras de la rivière, ou mort et oublié dans quelque trou.

Les représailles, toujours disproportionnées, varièrent au cours des années.

En ce temps-là, pour une vie qui lui échappait, le monstre pénitentiaire en prenait dix.

Dix hommes étaient condamnés au supplice de la faim et de la soif, « jusqu'à ce que le fugitif soit repris ». Mais c'était encore un mensonge.

Que l'absent reparût ou non, les condamnés restaient condamnés.

Vers la fin de juillet, Kolbe fut transporté au bloc 14, où l'on entassait notamment les rescapés

249

de l'hôpital. Les rations y étaient réduites. Les moins invalides étaient employés à de petits travaux de jardinage, ou allaient aider à la moisson à l'extérieur du camp.

Au-delà du filet de barbelés, hors la vue des miradors, l'évasion devenait une affaire de décision et d'opportunité.

Le miaulement sauvage des sirènes en signala une le dernier jour du mois, vers 3 heures de l'après-midi. Les sirènes n'ameutaient pas seulement la garde. Elles portaient loin dans la campagne et alertaient les patrouilles.

Après le travail, tout le camp dut rester debout sur le terrain d'exercice. On constata que le manquant appartenait au bloc 14, et qu'il s'agissait d'un boulanger de Varsovie nommé Klos.

A 9 heures, on distribua un peu de soupe, excepté aux prisonniers du bloc 14, dont les rations furent jetées au caniveau. Ordre fut donné ensuite de rentrer dans les baraquements.

Toute la nuit, les prisonniers entretinrent de fragiles espérances.

Le lendemain matin à l'aube, après le café, tous les prisonniers partirent pour le travail — le manquant manquait toujours —, les six cents prisonniers du bloc 14 furent maintenus toute la journée sur l'esplanade, immobiles, en plein soleil, par files de soixante, les plus petits dans la première rangée, les autres derrière. De temps en temps, l'un d'eux s'effondrait. On laissa tout d'abord les défaillants sur place, puis une corvée vint les empiler à l'écart. Il était interdit de s'asseoir, de parler, et, sous peine de mort, de sortir des rangs. A 3 heures de l'après-midi, il y eut une pause d'une demi-heure, de la soupe, et la station debout reprit. A l'appel du soir survint, avec des gardes et des chiens, le commandant adjoint du camp, le SS Karl Fritsch. Il était accompagné de l'adjudant SS Palitsch, qui devait se targuer un jour d'avoir tué plus de vingt mille personnes, dont un grand nombre avec une carabine remaniée par ses soins pour la rendre moins bruyante et plus expéditive.

Le commandant Fritsch annonça aux prisonniers que le fugitif n'ayant pas été retrouvé, dix d'entre eux allaient être condamnés à mourir de faim dans le bunker du bloc 11. Puis il passa dans les rangs pour choisir ses victimes. Il disait parfois : « Ouvre la gueule. Montre tes dents. » Et : « Dehors ! » L'adjudant Palitsch notait les numéros. Ainsi se forma peu à peu le petit groupe des condamnés.

C'est alors que se produisit une chose qui ne s'était jamais vue : un prisonnier osa sortir du rang, pour demander à prendre la place d'un autre, qui sanglotait et suppliait.

Ce prisonnier, c'était Kolbe. Le petit franciscain n'avait peut-être pas réussi à « convertir toute la

se vanter de

terre », mais son geste allait faire, de tous les hommes, ses amis.

Des douze témoins qui ont connu Kolbe à Auschwitz, et qui ont été entendus au procès, l'un n'était pas au camp à ce moment-là ; trois autres étaient occupés ailleurs ; un autre, quoique présent, ne remarqua ni n'entendit rien ; trois autres n'ont pas entendu les paroles échangées entre Kolbe et le commandant Fritsch ; enfin un témoin, le prisonnier sauvé par Kolbe, ne parlait pas l'allemand et ne put suivre le dialogue.

Restent trois témoins qui ont vu, entendu et compris. Ils rapportent les faits de la même façon, à quelques détails près (mais il existe aussi de ces légères différences dans les Evangiles). Deux se trompent manifestement sur le numéro du bloc de Kolbe, soit que leur mémoire les ait trahis, soit que les numéros des blocs aient changé : c'est ainsi que le bloc n° 11 a été quelque temps le bloc n° 13. Sur l'événement lui-même, il n'y a pas de divergences entre eux.

Voici leurs dépositions, telles que les a retenues le tribunal des saints.

Professeur Miescislaw Koscielniak :

« Le Serviteur de Dieu est mort volontairement à la place d'un compagnon de captivité, François Gajowniczek, père de famille. C'était dans les premiers jours du mois d'août 1941. A cause de la fuite d'un prisonnier, le *Lagerführer* Fritsch ordonna, par représailles, la mort de dix hommes. « Notre bloc fut entouré par les gardes avec des fusils automatiques et des chiens. Le Lagerführer Fritsch choisit lui-même les victimes. J'étais dans la troisième rangée, et j'eus la possibilité de bien observer toute l'action. A un moment donné, Fritsch désigna le prisonnier François Gajowniczek, lequel, épouvanté par la mort, suppliait qu'on lui laissât la vie.

« Alors sortit des rangs un prisonnier en qui j'ai reconnu le père Kolbe. Le serviteur de Dieu s'approcha de Fritsch et, d'une voix calme, déclara en langue allemande qu'il voulait aller mourir à la place de François Gajowniczek. Fritsch, irrité par le geste du serviteur de Dieu, porta la main à son revolver et demanda : " Tu es devenu fou ? " Le père Maximilien renouvela clairement sa demande, disant que sa vie était moins utile que celle de l'homme, c'est-à-dire Gajowniczek, qui était père de famille. Après un court silence, Fritsch demanda au serviteur de Dieu : " Quelle est ta profession ? " Le père Maximilien répondit : " Je suis prêtre catholique, religieux. " Après un autre silence, Fritsch donna son consentement et envoya le serviteur de Dieu dans le groupe des prisonniers destinés à mourir, tandis que François Gajowniczek retourna dans sa rangée. »

Joseph Sobolewski, avocat :

« Les circonstances dans lesquelles le serviteur de Dieu s'offrit à la mort sont les suivantes : dans le camp, un prisonnier s'évada du bloc 2. Les autorités ordonnèrent des recherches et menacèrent, au cas où le fugitif ne serait pas retrouvé, de condamner à mourir de faim dix de ses compagnons. L'évadé n'ayant pas été repris, un soir, à l'appel, le commandant Fritsch, le *Rapportführer* Palitsch et d'autres SS choisirent dix prisonniers pour les envoyer à la mort par la faim dans le bunker. Je me trouvais dans la dernière rangée du bloc 8, et immédiatement derrière moi se trouvaient les prisonniers du bloc 2 parmi lesquels on devait désigner les dix condamnés. J'ai vu parfaitement le déroulement de l'action. A un moment donné fut choisi un prisonnier, qui en sortant des rangs se mit à se lamenter désespérément, criant qu'il avait femme et enfants, et qu'il devait périr. Ce prisonnier rejoignit à droite le petit groupe des autres prisonniers désignés. Après lui, il y en eut encore deux ou trois, et ce fut terminé. Le commandant du camp et les autres SS allaient s'éloigner du bloc 2, lorsque de ce même bloc 2 le serviteur de Dieu s'avança soudain et dit au kapo qu'il voulait parler au commandant. Le kapo ordonna au serviteur de Dieu de revenir dans le rang, mais il n'obéit pas, et exigea de parler au commandant. Les SS qui se trouvaient près de celui-ci l'informèrent. Alors il se tourna vers le serviteur de Dieu et lui demanda : " Que veux-tu ? " Le serviteur de Dieu répondit qu'il voulait aller mourir à la place du prisonnier qui se désespérait si fort, et qui laissait femme et enfants. Le commandant lui demanda sa profession. Il répondit qu'il était prêtre. Alors le commandant lui ordonna d'aller dans le groupe des condamnés. Le serviteur de Dieu y alla rapidement, et le désespéré revint dans les rangs. »

Docteur Niceto Wlodarski :

« Il advint qu'à la fin juillet ou au début d'août un prisonnier s'évada, je crois, de la section du jardinage. Cet évadé n'ayant pas été repris, les autorités du camp décidèrent de choisir dix prisonniers dans le bloc 2. Pendant l'appel, j'étais séparé du serviteur de Dieu par trois ou quatre personnes. Le *Lagerführer* Fritsch, accompagné du Rapportführer Palitsch et d'autres SS choisirent dix prisonniers, parmi lesquels François Gajowniczek. Celui-ci, dès qu'il comprit ce qui l'attendait, s'écria avec douleur et désespoir qu'il avait femme et enfants, qu'il voulait les revoir, et qu'il allait mourir.

« A cet instant, le père Maximilien Kolbe sortit des rangs, souleva sa casquette et déclara au *Lagerführer*, en indiquant Gajowniczek, qu'il dési-

255

rait se sacrifier pour ce prisonnier, car il n'avait ni femme ni enfants. Le *Lagerführer* lui demanda sa profession. Il répondit : " je suis prêtre catholique ". Suivit un instant pendant lequel les SS montrèrent une certaine surprise. Puis Fritsch ordonna à Gajowniczek de rentrer dans les rangs, et au serviteur de Dieu de prendre sa place parmi les condamnés au bunker. »

De son côté le sergent polonais Gajowniczek avait vu le père Kolbe sortir des rangs, initiative exorbitante. Mais, comme il ne parlait pas l'allemand, il ne comprit ce qui s'était passé que lorsqu'il lui fut enjoint de regagner sa place. Il est toujours en vie.

De la fenêtre d'un bâtiment voisin, un prisonnier avait suivi toute la scène. Il vit les SS pousser le petit groupe des condamnés vers le bloc n° 11. Maximilien Kolbe marchait le dernier, en soutenant un camarade. Tous étaient pieds nus. On leur avait ordonné de laisser leurs galoches sur la place.

Le bloc n° 11, dont la cour était entourée d'un mur très haut, était celui des interrogatoires et des « exécutions », c'est-à-dire des assassinats. On montait un perron de quelques marches, puis on redescendait dans le bunker, des caves de quelques mètres carrés donnant sur un couloir fermé par une grille.

Les condamnés, qui avaient dû se déshabiller devant le bloc, entrèrent nus dans leur dernière demeure.

C'était un local de trois mètres sur trois, vide, sauf un seau hygiénique. Presque au ras du plafond, un soupirail diffusait une vague lueur du monde des vivants.

En refermant la porte, le geôlier, jovial, leur cita un bout de poème de son pays : « *Vous vous dessécherez comme des tulipes* », dit-il.

La faim est terrible, la soif l'est encore plus. La déshydratation s'attaque en premier lieu aux cellules cérébrales et déchaîne des orages muets de cauchemars et d'hallucinations.

Cependant, d'après un ancien prisonnier, chargé dans le bunker des fonctions d'interprète-croque-mort, et qui a tenu, avant de mourir en 1947, à témoigner devant notaire, le père Kolbe, s'il s'affaiblissait, ne délirait pas et ne se plaignait pas non plus. Il s'efforçait de réconforter ses compagnons. Lorsque l'on venait retirer les cadavres, on le trouvait le plus souvent debout, ou à genoux, priant ou entonnant un cantique, repris en chœur autour de lui. Le témoin, passant dans le couloir, dira qu'il croyait être à l'église. D'après lui, dans les cellules voisines, les moribonds des précédentes représailles, et qui auraient bientôt fini de supplier, avaient la même impression. De même les prisonniers dans la cour du bloc n° 11, qui apercevaient parfois par le soupirail des crânes rasés dans une lumière de clair de lune et qui entendaient des chants.

Les geôliers eux-mêmes s'étonnaient. « Voilà un homme », disaient-ils.

Chaque matin, on vidait le seau vide, et les morts de la nuit étaient retirés du bunker.

La porte de chêne se refermait sur des êtres pâles déjà rayés des registres et qui n'étaient plus qu'une palpitation de plus en plus inutile dans leur propre tombe.

Le quatorzième jour, veille de l'Assomption, l'ordre fut donné d'achever les survivants.

Un auxiliaire de la mort armé d'une seringue d'acide phénique entra dans la pénombre du caveau. Il aperçut trois agonisants étendus sur le ciment, et une forme desséchée, repliée contre un mur. C'était Kolbe, qui arrivait au terme de sa passion. L'auxiliaire s'approcha, et la seringue fit son œuvre.

« Alors, dit l'Evangile, les soldats s'approchèrent de Jésus, et l'un d'eux lui perça le côté avec sa lance. »

Ainsi mourut Maximilien Kolbe, et avec lui l'enfant très pur qui avait tant aimé la Vierge Marie ; ainsi mourut le jeune prêtre enthousiaste qui avait écrit sur son agenda sa résolution de se donner aux autres jusqu'au sacrifice suprême ; ainsi mourut le prisonnier qui avait souhaité autrefois que sa poussière fût dispersée au vent, et qui, le jour de l'Assomption, ne serait plus que cendre dans la gueule d'un crématoire, ainsi finit, dans le silence et l'abandon, cette vie dont il ne reste rien, que l'amour.

TABLE DES MATIÈRES

Achevé d'imprimer le 12 mars 1987
sur presse CAMERON
dans les ateliers de la S.E.P.C.
à Saint-Amand-Montrond (Cher)
pour le compte des éditions Robert Laffont
6, place Saint-Sulpice - 75279 Paris Cedex 06

Dépôt légal : avril 1987
Nº d'Édition : 30245. Nº d'Impression : 429-279